FOTO+PRODUTO: O GUIA

A importância da foto no papel para quem vive da fotografia

ÍNDICE

Prefácio - pg 4

- 10 etapas para criar um produto - pg 6
- O perfil dos produtos vencedores do Foto+Produto - pg 13
- O que aprender com as vencedoras do Foto+Produto - pg.17
- Os tipos de profissionais quando o assunto é produto - pg.30
- Produto digital: sim ele existe e vai bem com algo físico - pg.34
- Tipos de produto: sem limites para sua criatividade - pg.36
- Produto na fotografia: como começar? - pg.40
- Preço do produto e serviço. O que o Sebrae tem a dizer sobre isso? - pg.43

- ImagePrice: um aplicativo para você fazer seu preço da forma certa – pg.44
- O que aprender com a LEGO? – pg.45
- O case fascinante da Print Love – pg.49
- Por que esse é o momento certo para preparar um produto? pg.52
- Só ter um produto não é o bastante – pg.56
- O comportamento do consumidor é muito importante! – pg.62
- A tecnologia como aliada do produto e do seu negócio – pg.65
- Produto é colaboração – pg.70
- Sem produto não dá para viver da fotografia – pg.75
- Exemplos de Marketing 4.0 na fotografia – pg.80
- O produto como parte da experiência na fotografia – pg.87
- Pesquisa e posicionamento: itens fundamentais e na criação de um produto na fotografia – pg.90
- Ninguém precisa do seu produto – pg.95
- Não encontre clientes para seus produtos, encontre produtos para seus clientes – pg.98
- O dilema da fotografia quando o assunto é produto – pg.101
- Mas afinal o que é um produto na fotografia? – pg.105
- A importância de um produto único na fotografia – pg.108
- O que a Polaroid pode nos ensinar sobre a importância do produto? – pg.115
- A importância do produto multimídia na fotografia! – pg.122
- Produto na fotografia: criando com os clientes respeitando sua essência – pg.125
- O desafio do produto e o modelo de negócio em um mercado "mais do mesmo" – pg.129
- Será que eu tenho um produto único? – pg.132

- Baby Yoda e a importância do produto físico – pg.136
- Os atributos de um bom produto para quem vive da fotografia – pg.140
- As oportunidades para a fotografia na economia de baixo contato – pg.143
- O desafio do preço na fotografia – pg.149
- O poder da indicação: o melhor marketing que existe – pg.157
- Jobs to be done: a complexa e importante teoria de produto de Clayton Christensen – pg.170
- Gerando conteúdo para atrair e manter clientes – pg.176
- 10 questões fundamentais do novo marketing para qualquer negócio de fotografia – pg.181
- O poder do grátis – pg.186
- O poder das histórias no marketing da fotografia – pg.193
- Produto e a tendência do diferenciado sem ser caro – pg.198
- Sobre tecnologias de impressão – pg.201
- O marketing mais humano se confirmou em 2020 e vem com ainda mais força nos próximos anos – pg.213

PREFÁCIO

Sem produto não existe negócio de fotografia. Essa é a chamada das minhas atividades do curso Foto+Produto que originou este guia. Eu poderia chamar esse conteúdo de livro, mas preferi batizar de guia pois assim não ficaria tão pedante lançar duas publicações no mesmo ano. Para quem não sabe eu escrevi o livro Marketing Básico para Fotógrafos (que foi lançado em junho passado). De lá para cá surgiu o curso sobre produto e sua importância na fotografia. Logo, aqui vale voltar para a frase inicial: não tem como viver nesse mercado sem produto. É algo que explico no primeiro capítulo em detalhes. Contudo aproveito um trecho do meu primeiro livro para destacar a importância do assunto. Dediquei o começo daquele livro para trazer uma série de mais de 50 passos de como não f$#%& sua carreira e o mercado. E justamente perto do fim trazia esse ponto...

Passo 45 - o produto é o mais importante. A obra final personificada. O produto é na minha opinião o elemento mais importante do marketing. É o que fica. É o que as filhas vão ver na parede ou no álbum. É uma obra que vai passar de mão em mão e que as pessoas vão comentar e te indicar. Então tem que ser sofisticado mesmo sendo simples. Tem que ser muito durável e ter mais alta qualidade. Tem que ser único. O produto é o que fará você cobrar mais e ser percebido com valor.

Resume muito do que penso sobre o tema. Produto na minha visão é elemento crucial do marketing na fotografia. É questão de responsabilidade com as famílias e clientes. É o que fica, é seu legado. Já viu algum artista sem obra? Pois bem...em outro ponto determinado do mesmo livro destaco também...

Meu produto não encanta. Não existe marketing bom de produto ruim. E isso começa pelas fotos criadas, serviços, experiência atrelada ao produto. Prazo de entrega, embalagem e tudo o que está envolvido com o produto. Pode ser o álbum, itens extras e afins. Seu produto "fotografia" é diferente de fato ou igual ao do concorrente. Se o produto que você entrega é mediano ou ordinário, você vai ter um precinho ou preço médio. E depois não adianta ficar reclamando. O produto impacta no preço, no propósito, na luta com os concorrentes etc. Ter um bom produto é crucial no sucesso do negócio. E de novo, sempre pode e deve ser ajustado constantemente. Para melhor, claro.

10 etapas para criar um produto

Sei que fotógrafos e pessoas em geral (empreendedores) apreciam um caminho das pedras. Formas de seguir uma trilha que facilite o processo de desenvolvimento de um produto. Pois bem, fiz um guia com 10 passos/etapas para você desenvolver um produto na fotografia. Entenda por produto aquele item impresso com foto com apelo diferenciado e valor adicionado que possa ajudar de verdade seu negócio de fotografia. Vamos lá:

1 - Quem é você? o que você quer com seu produto?
Esse é o clássico do começar pelo propósito. Por que você faz o que faz no seu negócio de fotografia? É importante responder isso da forma mais honesta possível. Afinal, é a resposta para que as coisas deem certo para você e mais ninguém. Quanto mais específico você for melhor. Quanto mais você responder pensando em você também.

Pois à medida que a resposta tem a sua identidade isso torna as possibilidades de desenvolvimento mais únicas e temos um bom começo.

Exemplo: A fotógrafa da família entende que seu propósito é celebrar pequenos momentos das crianças. Ela aprecia contar histórias dessa rotina das famílias. O motivo dela acordar todos os dias animada com fotografia é poder emocionar com essas histórias. É fazer a diferença ilustrando isso da melhor maneira possível.

2 - Para quem é? Para quem é o produto sabendo agora o motivo de você fazer o que faz. Essa parte é importante porque vai além da persona. Essa pessoa que você vai atender tem um perfil bem claro. No que ela acredita e como você pode ajudar com sua missão desse negócio? Se

sei quem é e no que essa pessoa acredita consigo criar um conceito, comunicação e produto para esse público. Exemplo: a fotógrafa da família entende que seu público são mães dos bairros próximos que tem um perfil de valorizar brincadeiras. São mães jovens que querem se desconectar e que esperam que os filhos sigam pelo mesmo caminho. Que valorizam experiências mais do que o mundo digital. Não que essa mãe não tenha redes sociais e afins, só que ela não quer viver só para esse universo. Como fazer para (lembrando do meu propósito) criar um produto para essa mãe e aparecer para ela com a melhor proposta possível.

3 - O que a pessoa quer? como criar para ela entendendo o que ela acredita com base em seu perfil definido. Para fazer isso preciso entender o que ela quer ou gostaria de ter com fotografias. Talvez ela nem saiba o que quer e

nosso objetivo é entender isso perguntando. Pesquisa, conversas formais e informais. Usando Google (formulário), Instagram (com a parte de perguntas do Stories) e as ferramentas como WhatsApp e afins. Esse interesse é genuíno? Se você não se interessar pelo que quer

4 - Como posso personalizar?

É só voltar para a pergunta anterior. Eu necessito da escutatória ao vivo ou online. Mas tenho que buscar isso com meus clientes. E de preferência de forma individual. Criar para eles e assim personalizar. A fotógrafa da família pergunta para a cliente que diz que a casa está com a aparência desanimada e que sempre apreciou porta-retratos. Que tal desenvolver uma linha de decoração para colocar na parede. E claro, um porta-retrato. Personalizar é isso ou pode ir para um nível mais extremo. De criar de um jeito hiper personalizado. Que tipos de moldura ela gosta, cores. O substrato da impressão. Pode ser que ela prefira impressão no metal ou outra mídia. Preciso dizer que quanto mais personalizado mais valioso e único se torna o produto? quem mergulha nisso foge da guerra de preço. Na verdade, adiciona muito valor na oferta.

5 - Como fazer com ela compre de novo?
Essa parte é das mais importantes. Pois aqui se trata de recorrência. O trabalho bem feito no serviço pode gerar indicação para amigos e parentes e fazer com que o cliente compre novamente. Para gerar "motivos" o produto deve ser pensado dentro do conceito colaborativo. Um álbum para fases da criança que deve ser criado de tempos em tempos é um exemplo. Fazer a pessoa retornar não tem só relação com o produto. Na

verdade, é mais pelas razões do próprio consumidor. As datas marcantes e possibilidades de experiência e presente para datas especiais é que podem gerar chances de retorno. Daí a importância em se ter uma variedade de produtos no cardápio para atender as diferentes demandas.

6 - Como tornar a experiência marcante?

Aqui entra a colaboração. O produto colaborativo passa por ouvir os consumidores. A experiência com o produto é complemento do trabalho fotográfico e até antes disso. Do ótimo atendimento e relacionamento até a entrega do álbum. O que torna especial o processo como um todo é essa visão do todo. Importante destacar: o produto não salvará o seu negócio se a sessão for ruim ou outras etapas do negócio também forem capengas. Agora, certamente o item entregue ao final vai celebrar o trabalho completo como um prêmio de tudo que foi feito. A obra final que vai ficar como legado do seu trabalho. A colaboração nada mais é do que conversa. Uma famosa encadernadora de São Paulo conversa com as noivas para criar um álbum que combine com a personalidade e a casa da cliente. Esse é o caminho que obviamente combina personalização e colaboração. Ou você pode resumir tudo em uma frase: cuide bem do seu cliente com carinho no que envolve o produto.

7 - Como surpreender com tecnologia? Os recursos disponíveis não indicam apenas as possibilidades com o digital. Passa pela tecnologia de impressão, da embalagem. De fragrâncias e mimos que acompanham a peça. Passam, se assim o consumidor quiser, por oferecer algo tecnológico que vai além do analógico. Ou seja, dá sim para inserir vídeos e realidade aumentada. Ou trilha

sonora. O produto híbrido que surpreende por dar mais força a oferta emocional. Mas sem deixar que o que é moderno supere a fotografia no que tem de mais importante: a emoção e a vaidade.

8 - Como seguir evoluindo as ofertas?

Não estou falando de ofertas promocionais. pense e crie com frequência novas ofertas de produtos, novas linhas. Lembre-se que é bom ter uma gama de preços. Da linha mais acessível à mais sofisticada. Lembre-se que o produto nasce, se desenvolve e uma hora ele vai morrer. Logo temos que pensar e lançar novos produtos ou recriações de tempos em tempos. Para fazer isso é necessário avaliar como está o rendimento de cada item. E avaliar também com os próprios clientes. Pode ser um lançamento de algo que você nem vendia. Tudo vai depender do que as pessoas querem ou podem querer. E para tanto, só conversando e avaliando mesmo. O importante é renovar as ofertas com frequência. Por isso o mostruário é importante porque as pessoas só compram o que elas veem. E mais: cuidado para não ter itens em excesso porque isso gera confusão.

9 - Como adicionar valor e atrair novos clientes?

Essa é uma pergunta valiosa. Um produto ruim ou simplório certamente não tem esse poder de adicionar valor. Aliás, o fotógrafo pode ser o melhor possível, sem produto de mesmo nível do seu trabalho, não terá como passar essa percepção de valor. Qualidade de impressão, atenção aos detalhes e cuidado até no prazo podem fazer a diferença. No fim, essa pessoa satisfeita pode gerar indicações ou retornar se estiver feliz com o que recebeu. Importante: o produto é a entrega final que completa a experiência total oferecida ao cliente. Atrair novos consumidores vai passar muito por atender bem aos clientes que você vai atender ou já atendeu. Ah, mas eu nem tenho clientes. Para começar você deve ao menos ter um produto. Sem produto não dá nem para começar.

10 - Como renovar as ofertas?

De tempos em tempos, os produtos precisam de renovação. Existe um ciclo natural de vida também do produto e na fotografia não é diferente. O produto nasce, chega na fase de maturação e depois morre. Importante avaliar em que fase está seu produto no negócio da fotografia e sempre preparar a renovação. É por isso que muitos negócios não só de fotografia lançam novidades com frequência. E as pessoas gostam de coisas novas. Aliás, a palavra novo é sempre um forte apelo de vendas. Coisa comprovada em pesquisa de comportamento dos consumidores.

11 - Use a intuição. não estava no começo, mas resolvi colocar essa etapa e talvez seja a parte mais importante. Não existem regras absolutas e fechadas quando o assunto é o seu negócio. Muitas vezes os clientes não querem colaborar, não querem nos ajudar nesse processo. E isso faz sentido até certo ponto. Estou falando com um especialista e ele quer saber o que eu quero. É aí que entra a intuição. Quanto mais estudamos mais parece que nossa intuição entra em ação. Estude clientes, concorrentes e o mercado. Olha para o seu mercado e fora dele. Busque inspiração e dê um tempo para que aquelas perguntas sem resposta possam ser respondidas. Ou seja, faça aquilo que seu instinto disser que vale a pena ser feito.

O perfil dos produtos vencedores do Foto+Produto

Algo que reparei no perfil das vencedoras das minhas turmas do Foto+Produto em 2020. Foram várias turmas ao vivo e posso perfilar as participantes vencedoras. Primeiro para deixar bem claro: parece que o futuro dos produtos diferenciados e cuidado nesse assunto será das mulheres. Entenda.

As mulheres vão salvar a impressão e o mercado. 90% das vendas dos cursos online gravados e ao vivo foram para as mulheres. Aliás, isso não me surpreende porque a fotografia impressa é puxada pelas mulheres no mundo todo. E em diferentes faixas etárias. O que é ótimo. Elas são as guardiãs das memórias das famílias, do casal, das amigas e por aí vai.

Elas têm apreço pelo detalhe. As participantes vencedoras com melhor produto mostraram mais atenção aos detalhes. Da embalagem ao conceito completo. Esse negócio do produto com impacto no mercado é feito no detalhe. E quem não gosta de olhar para isso vai ter dificuldade para se destacar.

Elas combinaram tecnologia e personalização. Todas as vencedoras mostraram preocupação com seus produtos nessa mistura de tecnológico com personalizado.

Elas pensaram na persona delas. Fizeram isso com base no estudo dos clientes atuais e daqueles que elas querem atender. Fizeram isso com curiosidade real e interesse genuíno em criar para esse público específico que pode ser interessante. E muitas das vencedoras pensaram em mais de uma persona para poder abranger mais perfis que pudessem ser interessantes. O importante aqui é o seguinte: elas mostram curiosidade pelos consumidores atuais e os possíveis clientes em diferentes frentes.

Elas sabem o motivo do negócio existir. Quase todas tinham a ideia do propósito bem definido para o negócio delas. Qual a razão de elas fazerem o que elas fazem na fotografia. Vai além só de fotografar por paixão ou pelo dinheiro. Elas têm esse motivo bem detalhado. É super importante pois vai definir como será seu negócio e o produto nessa nova fase.

Elas perguntaram e pesquisaram. Está ligado com a parte da persona. Elas levantaram informações e se basearam na própria intuição para garantir todo o perfil e desenhar de forma correta a oferta para os clientes. Um produto só será bom e ficará bom se tiver esse interesse. E no caso delas isso ficou visível. Se interessar de verdade por aquilo que as clientes fazem, querem e podem vir a querer.

Elas foram rápidas e testaram. Em algumas das participantes, entre a ideia e o protótipo foi coisa de uma semana para lançar o produto. Eu fiquei impressionado com a rapidez e essa agilidade é fundamental. Isso porque o importante é executar e depois ajustar com os retornos dados pelo mercado e os clientes. Ser rápido e testar é criar para lançar logo e ajustar diante das necessidades. Nesses tempos desafiadores isso é crucial.

Elas são "carudas". Aqui é só uma observação. Elas me abordaram e procuraram as clientes e colegas. Sempre em busca de informações e mais ideias. Elas fizeram isso "de ir atrás" para conseguir melhorar o produto e deixar a ideia ainda melhor. Quase todas têm esse perfil de agilidade combinada com jogo de cintura.

Elas se adaptaram e vão seguir adaptando. As ideias não param porque ganharam o prêmio. Algumas foram para frente e se tornaram produtos que estão neste momento sendo vendidos no mercado fotográfico. Outras adaptaram e evoluíram para coisas bem distintas da ideia original. O importante é não deixar o produto ficar preso porque o conceito é campeão. Pois como bem sabemos na prática as coisas quando estão na "rua" são bem diferentes. Esse poder de adaptar e mudar o produto de acordo com os desafios e necessidades é importante.

Elas pensaram nos vários P´s. Pensaram que o produto está ligado ao preço, presença/ponto e promoção. Só dá para adicionar valor ao negócio (aumentar ou justificar preço) com um produto. Fica melhor de divulgar se temos produto. Fica melhor de posicionar e aparecer nos diferentes canais digitais com um produto. Para o cliente é que fica e isso é o mais importante.

Elas gostam de fotografia no papel. Como é que você vai vender algo que não acredita? Daí a relevância do valor da foto impressa. A fotografia no papel se torna só um pedaço de algo sem muita importância se você não acredita nas memórias e no legado fotográfico ou na autoestima e vaidade. A relação das vencedoras com a foto impressa é emocional, autêntica e verdadeiramente interessada nas fotos. Qual a sua relação com a foto no papel?

Elas usam a intuição. Elas usaram o que viram no curso Foto+Produto, mas não ficaram tão presas só ao que foi mostrado. Porque existe a realidade da região delas, os clientes com desejos específicos e a própria intuição que entrou em ação. E elas criaram com base nisso. E nesse ponto as mulheres costumam levar vantagem também. Para os homens (ainda não tive um aluno homem vencedor) a dica é buscar menos racionalidade e mergulhar mais no emocional nas ofertas. Indo nesse caminho pode fazer a diferença para um produto diferenciado e com poder real de impacto.

O que aprender com as vencedoras do Foto+Produto. Entrevistas com duas das vencedoras da última turma ao vivo da atividade.

Foto+Produto: o talento e a criatividade de Chris Bueno

A premiada fotógrafa traz na bagagem a experiência em design e moda. Algo que ela levou para sua ideia de produto vencedor na última turma do Foto+Produto Chris Bueno vem se destacando entre os colegas combinando o autoral e a fotografia de família de uma forma sensível e única. Chris pode ser considerada um novo talento da fotografia de família brasileira. Ela vem atraindo os colegas para suas publicações nas redes sociais. Chris conta nessa entrevista como começou na fotografia, suas expectativas, desafios e detalhes do produto vencedor da última turma ao vivo do Foto+Produto (próxima turma em janeiro). Confira a entrevista abaixo.

FHOX - Como começou e por quê?

Chris Bueno - Eu sempre amei fotografia, mas na minha época, fotografar era para poucos. Acabei deixando de lado. E segui minha vida ainda inserida num contexto Artístico e criativo. Estudei moda, Web design. Fiz design de embalagem. Com a chegada da maternidade isso ficou para trás. Por uma necessidade da minha irmã em fotografar seu curso de bonecas, resolvemos que eu precisaria desenvolver minha fotografia. Então em janeiro de 2019 ela me pagou o curso e me emprestou sua d90.

FHOX - Como é ganhar com o melhor produto? A ideia é muito bacana...

Chris Bueno - É uma sensação incrível, foi um ano de vitórias. Sempre soube da minha capacidade criativa, crio por compulsão. Quando nossas ideias ultrapassam essa fronteira entre o imaginário e o projeto, e começam a tomar forma, dá cosquinha no peito e ser premiada por isso só torna tudo ainda melhor.

FHOX - Conte mais sobre essa ideia do produto que criou para a turma?

Chris Bueno - Dentro da fotografia documental de família, venho sentindo a falta da presença dos adolescentes. Sei que são um público difícil de ser fotografado. E que para que isso aconteça naturalmente é preciso que a decisão parta deles. E como criar esse desejo? Com produtos desenvolvidos para eles.

Na minha concepção a fotografia deve ser vivida todos os dias, conviver com momentos marcantes ou pessoas que amamos deve ser exposto, estar ao alcance dos olhos e das mãos. E ao decidir focar nesse nicho preciso saber de sua experiência, onde estão nossos adolescentes nesse momento? Conectados. Onde comem, escutam música, socializam, estudam, assistem filmes, ainda mais nesse momento. Circulam pelas redes sociais, de olho na mais nova trend, no mais novo design, na nova coleção.

Querem ser influencers, gamers, youtubers, instagrammers.

Pensando nisso criei a linha " Stick to it " (pensar em um nome antes de publicar) uma linha de decoração em papelaria, que pode além do público teen, se abranger a dezenas de outros nichos. E fornecer também para outros fotógrafos.

São post its personalizados , no tamanho tradicional 7,5X7,5cm e big 15X15cm

Com uma variação entre fotos, cores, de acordo com as tendências e estações da moda, baseadas em suas cartelas de cores, e estampas. A cada começo de estação são adicionadas novas coleções.

Seguindo a linha do "stick to it" vem a linha de pôster no estilo lambe lambe, com formato 16X9 e diagramação com formato de stories, com frases e as mesmas estampas da coleção de post its.

A linha pode ser usada como produto avulso, com fotos enviadas pelos clientes, ou retiradas das redes sociais, transformada em Kit ensaios, decoração de quartos, escritórios, kit festas, lembrança de aniversários.

FHOX - qual o desafio de ser fotógrafa em 2020?

Chris Bueno - Me manter criativa dentro de um espaço delimitado pelo Covid, sempre com as mesmas pessoas. Expor a mim, meus familiares e meus clientes não era uma opção. Aproveitei o ano para estudar, ler, pesquisar e criar.

FHOX - o que espera para 2021 para o seu trabalho?

Chris Bueno - Pôr em prática tudo que 2020 me deu . Tirar meus projetos do papel. Lançar minhas parcerias. Seguir os passos do meu caminho, no tempo certo. Sem pressa, nem atropelos.

FHOX - como sua experiência em design e moda ajuda na fotografia?

Chris Bueno - Nessas duas áreas somos ensinados desde o início a "briefar", pesquisar muito, buscar referências, temos de pensar em cada detalhe, conhecer a história, saber o que já foi feito, o que pode ser revisitado, o que deu certo. Estudar tendências, nosso público-alvo. . Acompanhar os outros mercados, ficar de olho no que acontece aqui, mas também no que acontece no mundo. Pouca coisa é feita somente na intuição, criar envolve muito esforço.

FHOX - onde busca referências para se inspirar na fotografia?

Chris Bueno -Em qualquer lugar, Pintura, têxteis, brinquedos, crianças, insetos, escultura, filmes, séries, livros, poesias, história, no cotidiano, em design, curiosidades, sentimentos, na moda, na tecnologia. O que os sentidos alcançarem. Eu me inundo de informação.

FHOX - quais foram as coisas boas desse ano?

Chris Bueno - A melhor de todas foi entrar para o Alfabetismo, de descobrir nas mãos da Roberta Tavares o quanto a fotografia é libertadora, de quanto a arte me inspira. Ela me deu um Norte. E isso me trouxe segurança para investir nos concursos , conquistar meus primeiros prêmios, ter meus primeiros passos validados pelos meus pares. O aprendizado, estudei muito, tive encontros de alma com pessoas lindas que pintaram nesse caminho.

Olhar para o começo de 2020 e onde estava a minha fotografia e me ver agora indicada a fotógrafa de família revelação do ano no Golden Lens.

FHOX - por que os fotógrafos não dão bola para a foto no papel?

Chris Bueno - Passamos por uma fase em que o digital é o centro de tudo, e vai ser cada vez mais. Mas a fotografia precisa ser tocada, tateada. Quem nunca beijou uma foto? Dormiu com ela debaixo do travesseiro, levou na carteira, colocou no mural, na porta da geladeira. Quem nunca rasgou uma foto porque nela estavam contidos todos os sentimentos nela retratados, como se assim tudo acabasse.

Ter a foto no papel é ter nas mãos a nossa história.

FHOX - A fotografia de família é o futuro?

Chris Bueno - Fotografia de família é. Foi. Vai ser. No final quem está sempre ali é a família e mesmo quando ela não estiver mais, sempre vamos ter a fotografia para recordar.

FHOX - qual seu sonho para a sua carreira?

Chris Bueno - Quero viver da minha fotografia autoral. Ter exposições. Publicar um livro, pelo menos.

E quando eu me for ter deixado alguma marca minha na fotografia. (muito convencida?)

FOTO+PRODUTO: A SIMPLICIDADE SOFISTICADA DE ALÊ BRUNY

Fotógrafa de família criou um produto que combina o poder das histórias, da memória e da emoção. Tudo com o diferencial de gerar recorrência

A fotógrafa <u>Alê Bruny</u> fica na ponte Porto Alegre/São Paulo. Desde 2008 atua profissionalmente na fotografia e a partir de 2012 passou a atuar na fotografia de família. Alê trocou o direito pelo ofício de registrar os momentos mais felizes das pessoas e nesse sentido tem feito um trabalho de alto nível e consistente. Alê venceu com uma ideia de um produto impresso ao estilo retrospectiva com apelo interessante no design e muitas possibilidades de recorrência. Confira a entrevista abaixo e aproveite para seguir a fotógrafa. @alebrunyfotografia

FHOX – Como trocou o direito pela fotografia?

Alê Bruny – Sempre tive uma ligação muito forte com a fotografia. Nas viagens e festas da família sempre era escalada para os cliques. Quando minhas filhas gêmeas nasceram, as circunstâncias da vida me levaram a planejar 1 ano sabático. O plano era cuidar delas nesse período e, após, me reciclar e voltar para o universo jurídico. Mas nesse período, pela primeira vez, comecei a pensar na importância da fotografia na minha vida e a advocacia se tornou uma paixão mantida em um cantinho especial do coração e observada a distância. Me dei conta de que embora eu tivesse o hábito de fotografar muito, eram pouquíssimas as lembranças que eu possuía da minha infância e dos meus pais já falecidos. Estas poucas fotos que ficaram são as únicas lembranças que possuo deles. Quantas histórias se perderam no tempo? Quanto cada uma destas histórias perdidas teriam sido a base para eu ter escrito a minha vida de forma diferente? Estas perguntas me levaram à certeza de que faria diferente com as minhas filhas, passei a pensar no legado que deixaremos para elas enquanto família. Elas tinham meses quando fiz meu primeiro curso de fotografia básico e, desde então, respiro fotografia todos os dias.

FHOX – como foi parar na fotografia de família?

Alê Bruny – Apesar da minha essência estar na família, no começo fotografei de tudo. Casamentos, formaturas, eventos corporativos, produtos. Isso foi muito importante para aprimorar minha técnica e para iniciar minha base no mercado. Em 2012 resolvi focar na fotografia de família, na minha missão de participar ativamente na construção de legados para outras famílias.

FHOX – Qual a sensação de ganhar com o melhor produto?

Alê Bruny – Uma das sensações mais maravilhosas em meio a toda loucura que se transformou o ano de 2020.

Eu nunca fui de participar de concursos. Quando decidi participar do "Foto + Produto" estava em busca de algo que me provocasse a ir atrás de novos horizontes em que houvesse a possibilidade de conciliar minha missão de construir legados com o "novo normal" imposto pela pandemia e o necessário distanciamento social.

Amadurecer minhas próprias ideias e tê-las avaliadas pelos meus pares me fez perceber todo o potencial deste projeto. Isto é muito gratificante!

Um verdadeiro diário já diagramado com as notícias e situações marcantes da rotina do ano que passou

FHOX – conte sobre sua ideia

Alê Bruny – Com o início da pandemia, a rotina da minha família foi completamente alterada. Minha casa, assim como para muitas outras famílias, se transformou na casa, no escritório, na escola e no lazer. Tanto tempo dentro de casa fez com que os nossos celulares se tornassem verdadeiros baús de tesouros.

Mas à medida que tantas histórias passaram a ser registradas por 4 celulares, elas passaram a ser guardadas uma parte no grupo de família no

WhatsApp, outra no backup na nuvem, outra em postagens em redes sociais, e por aí vai. Comecei a pensar que se este infinito de histórias permanece armazenado desta forma desordenada, daqui a 15, 30 anos, como seria possível encontrar um registro para reviver estes momentos tão atípicos?

E foi assim que nasceu a ideia da Revista Retrospectiva 2020, que será um compilado de vários pedacinhos das histórias deste ano, de forma organizada, impressa e facilmente acessível por muitas gerações.

Um anuário onde será possível mesclar foto, textos, vídeos, mensagens para o futuro e mais uma infinidade de possibilidades. Um documento histórico, da tela do celular para as mãos das famílias.

FHOX – o que espera para 2021 na fotografia?

Alê Bruny – Acredito que a fotografia de família e a de produtos/conteúdo para o mundo virtual serão as duas áreas que devem ser ainda mais fortalecidas neste próximo ano.

2021 será um ano tão ou mais difícil que 2020. As pessoas estarão cada vez mais saudosistas em relação aos familiares, aos encontros, a rotina vivida antes da pandemia, e com isso passarão a se dar conta sobre o poder de resgate de uma fotografia e a importância de registrar suas histórias.

FHOX – quais foram as coisas boas de 2020?

Alê Bruny – Com certeza o melhor de 2020 foi ter aproximado as pessoas. Os que moram na mesma casa, mas que seus horários só coincidiam aos finais de semana. Os que moram longe, mas que a tecnologia fez o milagre de nos manter próximos.

FHOX – por que fotógrafos dão pouca atenção para produtos na fotografia?

Alê Bruny – Acho que é um efeito colateral da fotografia digital e do nosso mundo cada vez mais virtual. Acredito que é meio que um piloto automático do mercado, de entregar apenas o digital já que as pessoas desejam cada vez mais consumir o virtual.

As pessoas fotografam como nunca, mas são cada vez mais carentes de fotografias. Muitas já se perderam nos DVD's obsoletos. Os profissionais da fotografia precisam assumir um papel ativo na conscientização dos seus clientes sobre os riscos de se manter tantos registros apenas em ambiente virtual.

FHOX – como define seu estilo e como se inspira?

Alê Bruny – Me defino como uma fotógrafa lifestyle, focada na história do cotidiano, em locações habituais para a família e sem produções padronizadas. Minhas maiores inspirações vêm do fotojornalismo, da fotografia de rua.

FHOX – está animada para 2021?

Alê Bruny – Sim! Temos que acreditar que tudo irá melhorar.

.

Ainda será um ano de muitas dificuldades, mas a evolução da ciência, e a disponibilização de tratamentos e vacinas, possibilitará que voltemos a nos abraçar e viver com um mínimo de normalidade.

Para o mercado fotográfico, apesar das dificuldades que persistirão, as transformações deste ano têm tudo para ser o combustível necessário para a viabilidade de novos projetos.

Se 2020 foi tempo de buscar aprendizado e semear, 2021 tem tudo para iniciar a colheita!

Os tipos de profissionais quando o assunto é produto

Depois de inúmeras turmas ao vivo do Foto+Produto foi possível traçar um perfil de atuação dos fotógrafos nesse tema.

Acredito que tenho condições de traçar um perfil apurado do empreendedor e fotógrafo quando o assunto é produto na fotografia. O motivo? Foram várias turmas ao vivo desde agosto e contato com negócios e fotógrafos que mostraram suas visões, desafios e percepções de mercado nesse tema. Aqui posso apresentar uma análise detalhada com base nas turmas e das percepções com base no que ocorre no mercado. São três faixas de atuação quando o assunto é produto:

Nível 1 (o mais presente no mercado) - O fotógrafo sem produto. Esse é o mais comum no mercado e explica muito das dificuldades quanto aos desafios da pressão de preço. Importante dizer que aqui nesse nível não entra só fotógrafo em começo de carreira, pois muitos profissionais acabam cedendo a facilidade de atuar só com fotos digitais por comodidade, influência dos clientes e falta de tempo. Ou porque todo mundo está fazendo a mesma coisa (para que ser diferente né?). Mais complexo do que parece, esse perfil tem ainda subcategorias:

Subcategoria 1 - O fotógrafo iniciante que nem sabe o que oferecer. Esse fotógrafo que começa na fotografia e acredita (por falta de conhecimento) que só as fotos digitais são o bastante. Assim, esse fotógrafo entrega apenas arquivos e está mais focado no serviço. Vale mencionar que estamos falando aqui tanto de fotógrafos de família, casamento e de outras áreas profissionais. Por que ele não tem produto? porque os colegas também não oferecem, porque custa mais caro, porque assim pode cobrar menos. Ou simplesmente porque ninguém pediu...esse nível de atuação é muito sensível à competição de preço.

Subcategoria 2 - O fotógrafo sem produto que já não é iniciante. Esse também é comum e vale até para os bem experientes com cinco ou anos ou mais de mercado. Até oferecem de vez em quando algum item físico, mas se tornou algo raro. Motivo? para ganhar tempo e conseguir ter mais volume mesmo cobrando menos. A pressão dos clientes (e dos colegas do grupo anterior) gera essa demanda sem produto. Aqui ele acredita que suas fotos são melhores e que graças a isso poderá ganhar clientes na base da "arte". Importante: quando perguntado por colegas e até em eventos que porventura possa palestrar ele diz que tem produto. Mas na prática o foco é no serviço e cedendo aos apelos de preço do consumidor para entregar arquivos digitais. Nesse caso a mentalidade é: se eu não fizer, alguém vai fazer e eu não posso perder essa venda. Ou seja, ele entra no leilão para não perder negócios. Ou a definição definitiva: porque a coisa está feia e não posso ficar sem vender. Se o cliente não quer produto e assim vai ficar mais barato então é o que eu vou fazer.

Nível 2 (bastante comum) - O fotógrafo com produto, mas sem diferencial. Muitas vezes o perfil anterior se encaixa aqui só que de forma mais discreta. Ele não faz um produto especial. São fotos avulsas ou um álbum simples e barato "mais do mesmo". Nesse caso o pensamento é mais focado em: "depois eu vendo o álbum, mas não posso perder a venda. E se ele ainda quiser algo tenho essa oferta simples". O que diferencia esse fotógrafo do sem produto é que ele tem "algumas fotos" para entregar junto com o serviço. Nessa faixa de atuação o fotógrafo não tem linhas de produtos e não investe em mostruários ou algo mais acabado. E mesmo quando tem o enfoque não é qualidade. A ideia é ter o produto por ter, mas no fundo é só para não ficar no mesmo patamar do fotógrafo sem produto. Embora com frequência faça uma venda só digital. Esse perfil segue um estilo tático, caso a caso. Esse fotógrafo trabalha com vendas avulsas e sempre está exposto ao risco da competição do profissional com produto diferenciado e do sem produto. No fim, ele fica no limbo e não se protege muito na competição de preço. Resumindo: esse nível fica perdido e espremido entre as duas faixas de atuação (fotógrafo sem produto e o que trabalha na diferenciação).

O fotógrafo com produto diferenciado (representa a menor frequência de atuação no ramo). O que é curioso aqui é que embora seja minoria, esse perfil não tem a ver com grife somente. Pois é uma questão de posicionamento. O fotógrafo diferenciado no item produto trabalha não só com itens de extrema qualidade, mas também se atém aos detalhes. Desde a embalagem até questões de personalização. Costuma combinar atendimento e experiência junto da oferta do serviço/produto. Nem sempre é sobre ser mais caro, mas aqui entra aquela cultura de adicionar valor ao que é oferecido para as pessoas. Ou seja, esse é o fotógrafo que cria e busca produtos diferenciados pensando de fato no melhor para o cliente. Claro, neste nível entram fotógrafos de padrão melhor até os mais sofisticados e "caros". Contudo, vale mencionar que nem sempre esse nível quer dizer "mais caro". Na verdade, é uma preocupação em servir bem e deixar um produto de excelência que vai ficar por gerações. Logo, vai gerar não só reconhecimento, indicação. E vai gerar mais: um posicionamento de diferenciação que nem tem a ver com fugir de guerra de preço. Pois envolve adicionar valor e ser entendido como tal na visão de quem compra.

Nesse nível existem obviamente diferentes subcategorias de profissionais. Da diferenciação mesmo atuando com valor acessível até o super luxo. O que eles têm em comum de fato é a preocupação em entregar algo que vai ficar como legado das memórias para as pessoas que eles estão servindo.

Produto digital: sim ele existe e vai bem com algo físico

Na nova dinâmica da fotografia profissional muitas vezes só a foto online é o bastante. Entenda como o produto impresso pode ajudar nesses casos

Em muitos casos a fotografia digital é tudo o que é necessário para atender certos negócios. Como por exemplo: fotos digitais para restaurantes (delivery), para empresas, fotos de produtos para marcas, coberturas fotográficas para vender imóveis e por aí vai. Nós já trouxemos aqui o exemplo da Meero que é uma startup atuando em diversos países atendendo empresas como Uber Eats e Airbnb. Basicamente um negócio 100% online de fotografia.

Retratos para executivos para ser usado em sites, redes sociais e LinkedIn não é exatamente uma novidade. Pois na maior parte das vezes esses retratos só serão necessários para fotos digitais.

Para vender um carro ou uma plataforma tipo marketplace para venda de produtos dos mais variados tipos é a mesma coisa.

Nunca a demanda por imagens foi tão grande. Pois o consumo digital só cresce e as empresas e pessoas têm essa demanda de vender bem e mais. Fotos bonitas são fundamentais nesse processo. Só que não é só fotografia. A Meero e outras plataformas pedem outros serviços. Gifs animados, fotos 360 graus e vídeo. Fotografia aérea e filtros para usar em apps com aplicação de realidade aumentada. Esses são novos mercados que não existiam até poucos anos atrás.

Como a foto impressa pode ajudar? não é porque você vende o serviço 100% digital que não pode bonificar com um produto impresso. Nos retratos digitais vai um porta-retrato. Nas fotos para empresas você oferece uma revista fotográfica que serve como catálogo. O importante é entender que é uma inversão de oferta! O digital é obrigatório e o impresso é o diferencial, mas serve como mimo, uma cortesia que obviamente está inclusa no pacote completo. Essa é uma decisão mais trabalhosa, mas que vai distanciar do estilo "mais do mesmo". E vai criar um efeito inesperado e de impacto. A questão aqui é ser lembrado como aquele que fez mais do que se esperava. O mais interessante nesse caso é que o produto impresso é o objeto extra, um agrado de valor. E que vai adicionar um tempero extra no seu trabalho 100% digital.

E se o cliente não pedir? A decisão é sua, mas a ideia central é surpreender para fechar novos trabalhos e o poder do impresso aqui é justamente esse. Reverter a mentalidade vigente de que só o online resolve. Algo que em tempos de "tudo online" pode fazer diferença no fechamento de contratos e sobretudo na adição de valor ao seu negócio de fotografia digital.

Tipos de produto: sem limites para sua criatividade

Um profissional que entra no mercado hoje leva vantagem em um universo de possibilidades que não existia até alguns anos atrás. Falar de produto impresso na fotografia e não abordar as possibilidades seria um desperdício de oportunidades. Antes a foto no papel tinha poucas variações de aplicação. Aí veio o avanço tecnológico dos anos 2000 para cá e as coisas deram um salto e tanto. Em 20 anos passamos de um cenário de poucas aplicações para um ambiente que em 2020 permite ter a foto impressa em tudo. E o melhor: nas mais variadas formas e diferentes substratos. Não vou entrar em questões técnicas. Pois para isso existe o Movimento Imprimir. Mas de qualquer maneira, quero explorar aqui os diferentes produtos dando só um pouco do que pode ser feito em termos de foto impressa.

O fotógrafo ou empreendedor de fotografia pode oferecer:

A foto avulsa em uma grande variedade de tamanhos. Da foto pequenina para chaveiro até uma ampliação gigante para pendurar na parede. Foi-se o tempo que era só 10 por 15 ou tamanhos um pouco maiores. Os clássicos dos tamanhos populares são:

Grande campeão: 10 x 15 cm. A famosa foto avulsa que normalmente é vendida em volume. Esse evoluiu para venda com caixas especiais e embalagens que permitem valorizar um pouco mais essa venda.

Porta-retrato variando para o 10 por 15 ou tamanhos um pouco maiores. Passou de um produto com molduras simples para variações sofisticadas e com multifotos. Agora permite inserir vídeos e músicas.

Foto na parede. Antes tipo tela e agora em coleções e diferentes substratos. Metal e outras mídias que deixam a foto linda.

Álbum. Antes era albinho e depois grandão. Com foto encartada e depois chegaram os fotolivros. Dos gráficos aos fotográficos. Com estilo livro ou revista. A variedade é grande e o apelo é forte. Os grandões seguem fortes para casamento e newborn. Para aniversário, newborn e família formatos menores (quase sempre).

Nos últimos 20 anos o segmento de fotopresentes se expandiu e evoluiu para ofertas espetaculares. Tudo vai bem com foto: do chaveiro inusitado em formato de filme fotográfico até joias com fotografia. Esse é o salto que foi dado não se trata mais de foto presente, mas sim de presente com foto ou foto que serve para decorar e encantar de um jeito que não poderíamos imaginar.

Aplicação da foto em decoração de quartos, paredes, carros. A área de sinalização e os avanços na tecnologia de impressão permitem personalização de uma forma nunca imaginada. Quer colocar a foto na porta do quarto da filha? dá. Na janela? também.

A onda retrô que retornou com força nos últimos anos impulsionou o analógico e seus formatos como grande novidade. Do formato Polaroid por exemplo sendo usado em variações até para decoração e afins. A fotografia tipo Polaroid (tamanho) na madeira.

Outra ponta inesperada dessa fase (e que até ganhou mais força com a pandemia) é do aspecto artesanal. Daí a oportunidade do produto colaborativo. Um diário com fotos que pode ter desenhos e afins. A foto tipo Polaroid segue nessa linha também, pois o cliente pode escrever e desenhar na fotografia.

A questão não é o que você quer fazer. Importante lembrar que é o consumidor que manda. Ou seja, o que ele quer com fotografia? Seu fornecedor local (ou nacional) de impressão deveria te ajudar ou ter opções para atender essas demandas. Caso ele não tenha, é também uma chance para criar algo e poder até vender essa ideia para parceiros e fotógrafos. O que isso quer dizer: o fotógrafo ou negócio de impressão está fazendo com as próprias mãos e criando produtos e serviços de olho nessas transformações.

Lembrando que só um produto é pouco. Mesmo que ele seja único seria interessante ter um cardápio amplo com opções da mais simples, ao mediano e o premium. Sim, aqui estou falando de preço e diversidade. O produto, aliás, tem tempo de duração. Uma hora ele morre. Então temos que analisar em que ponto do ciclo de vida meu produto se encontra (para quem já tem uma linha) e para quem não tem é algo para acompanhar. Se estiver morrendo, hora de lançar uma novidade. Ou relançar. Entenda o seguinte: um negócio vende um produto/serviço. Sem isso formatado você trabalha em uma base importante. Posicionamento, preço, divulgação e presença dependem disso e estão entrelaçados no composto geral ligado sobretudo ao produto da fotografia. Espero que você crie (ou recrie) seu produto para esses novos tempos e colha frutos. Bom trabalho e sucesso.

Produto na fotografia: como começar?

Um plano simples para você ter uma ideia de trabalho até o lançamento em questão de dias e não semanas. Nas turmas do Foto+Produto ficou claro que os fotógrafos muitas vezes já vêm com ideias sobre novos projetos. Produtos que podem sair do papel, mas que eles querem validar primeiro. Logo de início gosto de deixar evidente um ponto importante: confiar na intuição é importante. Grandes produtos surgiram com base nisso. O fato é que nos livros de negócios ou de marketing de produtos o desenvolvimento de algo novo não precisa necessariamente ser demorado. Muito ao contrário, no mundo das coisas rápidas e com tudo muito acessível, por que não lançar logo, testar e ajustar para lançar de novo? Independente se você já tem ou não um produto, vamos pontuar itens relevantes desse processo.

1 - sem produto tangível não tem negócio de fotografia. Com raras exceções e mesmo assim o produto físico vai bem.

2 - preciso criar de forma colaborativa com meus clientes. E para tanto é necessário ouvir para criar com eles e para eles.

3 - eu preciso pelo menos de um produto, mas posso ter mais de um.

4 - o plano das startups funciona como inspiração para negócios de fotografia.

Da lista acima o item 1 você já quer resolver. O item 2 também faz parte da etapa 4. Ou seja, para conversar você precisa de um plano e fazer pesquisa. A parte de conversar com os clientes pode ser informal ou formal. Usando o Stories, formulário do Google. Mas tudo vai para uma pergunta simples e que também não deixa de ser marketing: O que você gostaria que eu fizesse com fotos para você? O nível de detalhe e os desafios técnicos devem ser analisados e estudados nos pormenores. O importante é separar os elementos úteis das respostas e criar algo sólido com base nisso. O item 3 da lista acima também vai depender da parte 4. Destaquei ali só para já tirar sua dúvida. Você pode e deve ter mais de um produto.

O plano das startups adaptado para o mundo da fotografia e dos fotógrafos.

O livro Sprint traz o conceito aplicado pelo Google na criação de um produto. Comece na segunda e teste na sexta. E se não der certo recomece na outra segunda e por aí vai. Lembrando de que de nada adianta criar um produto, testar e não avaliar os resultados para possíveis correções.

Aqui faço uma pausa para relembrar que existem diferentes níveis para os fotógrafos quando o assunto é produto. Tem os que não tem nenhum produto (esses no pior cenário possível). Os que têm produtos "mais do mesmo" e, portanto, sensíveis a guerra de preços. E por último em menor escala existem os profissionais que trabalham com diferenciação extrema.

De acordo com o livro Sprint o modelo de desenvolvimento passa por cinco etapas em cinco dias. Em uma simplificação a ilustração abaixo aborda cada etapa.

Meu convite a você é que faça uma autoanálise sobre seu cenário atual. Minhas perguntas para te ajudar no seu negócio são:

1 - Como estão os produtos?

2 - No que você é diferente dos outros nessa oferta de produtos?

3 - Caso não tenha um qual o motivo?

4 - Quem é seu público? E por que seu produto seria útil para ele?

5 - E por que você faz o que faz? além de tentar ganhar dinheiro com fotografia...

A resposta para cada uma dessas questões é valiosa para dar os primeiros passos. Se você está começando agora e não tem nenhum cliente (ou vai recomeçar) o exercício não é muito diferente. O fundamental de qualquer forma é tentar responder da maneira mais realista e detalhada possível para ir ao ataque. Ah, não tem fórmula pronta para o sucesso de um produto. O que é óbvio é que sem ter um (ou ter um igual a todos os outros ofertados no mercado) não vai te levar a lugar nenhum. Se quiser mandar suas respostas para mim é só enviar em enfbyleosaldanha@gmail.com que será um prazer tentar te orientar de alguma forma.

Preço do produto e serviço. O que o Sebrae tem a dizer sobre isso?

Eu preferi trazer dois caminhos para você quanto ao preço. Um é grátis e o outro envolve investimento. Primeiro vamos ao grátis. O Sebrae, que é parceiro da FHOX, e dos negócios em geral, criou um conteúdo específico sobre preço. Veja:

"Cobrar o valor certo por aquilo que você produz pode fazer uma diferença e tanto no lucro no fim do mês. Baixem a nossa planilha e saiba como definir o valor dos seus produtos

Todo negócio precisa de lucro. E na sua empresa não seria diferente! Por isso, criamos uma planilha para ajudar na estruturação de um dos pilares do seu empreendimento: o preço de seus produtos ou serviços.

Com ela, dá para preencher, de forma didática e intuitiva, todos os itens necessários para calcular o quanto cobrar pelo que oferece. É tão simples que, para usá-la, basta digitar os valores nos locais que estão na cor verde, que os demais cálculos são feitos automaticamente.

O preço é a soma entre custos de produção e lucro, limitado pelo valor que os clientes estão dispostos a pagar.

Por isso, ele é sempre uma relação de bom senso. Mas é bom ficar de olho na concorrência também. Se você vender um produto similar por um preço muito diferente, o cliente vai querer saber por quê. Então procure estar atento ao mercado para ser competitivo. O preço é vital para sua empresa dar certo, e a palavra-chave é equilíbrio".

O Sebrae criou até uma planilha de formação de preço grátis. Basta buscar no site do Sebrae por <u>Planilha de Formação do preço de vendas.xlsx (sebrae.com.br)</u>

O Sebrae tem cursos online sobre o assunto (grátis).

A opção paga é o app ImagePrice.

IMAGEPRICE: UM APP PARA VOCÊ FAZER SEU PREÇO DA FORMA CORRETA

Novo aplicativo foi criado para ser prático e fácil de usar na hora do fotógrafo profissional precificar o trabalho ImagePrice surgiu de uma necessidade dos próprios fotógrafos. Em inúmeras atividades da Escola de Negócios FHOX é evidente a dificuldade com a questão na formação de preços. Questões como custos fixos e variáveis e margem nem entram em questão. Pensando nisso surge o aplicativo ImagePrice.

Uma forma fácil e rápida de formar o preço com base nos seus custos, no seu tempo e levando em consideração desde depreciação do equipamento até o seu valor por hora. O mais importante: usando a ferramenta para smartphone (por enquanto em Android e em breve iOS) o profissional vai entender se está pagando para trabalhar e quanto de fato vale seu tempo e o trabalho oferecido. **Caso tenha interesse é só ir nesse endereço: ImagePrice | Meusite (enfbyleosaldanha.com)** - www.enfbyleosaldanha.com/imageprice

O que aprender com a LEGO?

Eu sou fã da Lego e creio que praticamente todo mundo simpatiza com a marca. O motivo é simples: trata-se de um brinquedo divertido, colaborativo, colorido, simples e criativo. A único coisa ruim da Lego é pisar nas pecinhas quando a gente está descalço. Pois bem, o livro Peça por Peça é uma ótima dica de leitura sobre a história da empresa. Como quase faliu para se tornar um gigante que vai muito além do analógico. Sempre indico como leitura de negócios por trazer muitos ensinamentos para quem atua na fotografia. Sobretudo na renovação do conceito dos produtos. Como isso se relaciona com fotografia? veja meu resumo.

1 - não esqueça do legado, mas não seja engessado por isso. A Lego é uma empresa com uma essência precisa. Peças de montar em diferentes frentes. Mas ela soube expandir em outras áreas digitais por uma razão simples: respeitou seu legado de manter as pecinhas como elo para tudo. Mantendo isso no foco, a Lego expandiu no digital sem esquecer do que a fez forte. Na fotografia vemos fotógrafos e negócios de fotografia se perdendo na arte esquecendo que a base que torna tudo mais forte está

na essência das memórias. Lego é sobre criar, montar e colaborar. A fotografia não é muito diferente disso.

2 - Abrace o digital contando histórias. O produto Lego é a essência de todas as outras apostas da marca. No videogame com joguinhos em diferentes plataformas (inclusive no smartphone). Mas mesmo nos joguinhos você tem que montar as pecinhas para seguir em frente. Tudo do universo de produtos da Lego faz parte das histórias do desenho animado, do cinema, dos games e agora da realidade aumentada. O foco na interação, na colaboração com essas narrativas é sempre um destaque. A fotografia impressa com o produto também não funciona isolada, logo ela só tem poder real quando traz as histórias e a ligação emocional.

3 - multiplataforma. A Lego se tivesse ficado só no analógico teria só as caixas das embalagens, as lojas e a venda pela internet desses produtos. Elas expandiram no smartphone, nos cinemas, na Netflix e em muitas outras frentes. A Lego entendeu que a força do legado da marca funcionaria tão bem quanto no analógico adaptando para o mundo online. Ela está presente onde estão os clientes: na palma da mão de olho no smartphone, redes sociais e afins. Ela descobriu que o vídeo combinando com histórias teria muito mais força.

4 - Ouvir os clientes. Existe uma grande comunidade de fiéis clientes da Lego. Cada um com perfis muito distintos. Tem as crianças pequenas, maiorzinhas (e até nisso elas se diferenciam) e têm adultos, adolescentes e outros segmentos de usuários dentro do universo Lego.

Que foi até para os negócios sendo usado em escolas de business para design, robótica e criatividade. A Lego só conseguiu expandir e se adaptar fazendo algo óbvio e tão esquecido. Ouvindo clientes e trazendo as comunidades para perto. Na fotografia quem está indo bem ouve e colabora com os clientes. A ideia das pequenas comunidades de consumidores que são atendidos por um especialista em imagens.

5 - Propósito claro. Está ligado ao legado. Lego é sobre a construção de algo divertido. É sobre fazer o que eu quiser com minhas peças. No fim é uma autonomia criativa e divertida na brincadeira. É um brincar até nas faixas mais velhas para a linha adulta, por exemplo. O fotógrafo muitas vezes não sabe o motivo de fazer o que faz na fotografia. A Lego deu um salto nos negócios quando apostou e reforçou sua essência em tudo o que

poderia fazer. Mas para tanto ela olhou para o mais básico: qual é o meu propósito? no caso da marca algo que começa em cada peça. E o seu? Qual é a pecinha mínima que faz você levantar todo dia para fotografar ou viver da fotografia?

6 - Diferentes personas. Ela cria produtos e comunicações para as diferentes personas. Eu sou o adulto e pai que gosta de Lego para relembrar coisas da minha infância ou para criar um ponto turístico famoso com o produto. Minha mulher pode ter essa mesma conexão. Minha filha quer imaginar profissões e criar histórias com personagens de desenhos da Lego. O importante é que a marca se comunique com cada perfil de um jeito diferente. Na fotografia vemos fotógrafos querendo vender tudo para todos e se perdem justamente por isso.

7 - Multimídia, consistente, presente e multidisciplinar - A Lego ataca em muitas frentes. Das lojas que vendem experiências a parques de diversão com seu universo. Da interação do produto com a fotografia (veja as fotos) até a possibilidade de jogar com realidade aumentada em determinados produtos. Lego que vai com um caderninho de notas e até em chinelos para pisar nas pecinhas sem machucar os pés. A Lego é consistente e presente em muitas frentes. Na fotografia temos que ter consistência em um pouco de tudo e estamos presentes em muitos canais digitais e presenciais.

A diversão é o futuro. O que fez a Lego se destacar foi ter acompanhado as evoluções tecnológicas e de mercado sem esquecer que a essência da marca é criar com as mãos no mundo real ou digital. Mas é sobre diversão com seus produtos. Fotografia é a mesma coisa, nos divertimos na sessão, com as fotos nas mãos e revivendo momentos ou nos sentindo bem com nossas imagens. A fotografia e Lego tem muito mais em comum do que parece. A Lego soube se reinventar sendo atraente ao mesmo tempo no digital e analógico. A fotografia pode ir pelo mesmo caminho. Que tal brincar de montar o "Lego" desse seu negócio de fotografia bem sucedido para o futuro?

O case fascinante da Print Love

Print Love é uma iniciativa das fotógrafas do Rio de Janeiro @joanna_terin e @biancadihel. O que chama a atenção na oferta criada por elas é que vai muito além da foto no papel. O foco é na comunidade e com propósito claro de valorizar momentos impressos e atrair pessoas com os mesmos valores das empreendedoras. Algo que fica evidente nas ações e no posicionamento da empresa.

Os acertos da Print Love merecem destaque e servem como inspiração para qualquer negócio de fotografia.

Primeiro a causa - empreendedorismo materno, amizade e a valorização de imprimir memórias marcantes com produtos fora do padrão. Está bem identificado o "porquê" das empreendedoras e isso faz toda a diferença na forma de divulgar, criar produtos e atender as necessidades das pessoas que elas atendem.

Produto diferenciado - Sabendo quem são e como vão servir elas criam produtos com temas, diferentes álbuns com formatos distintos. Das clássicas Polaroid também em variadas opções até adesivos.

Cuidado com o design - a identidade e a composição dos produtos na sua apresentação nos detalhes. O conteúdo, texto, postagens e tudo com atenção ao emocional.

Design não é só do produto e é notável a preocupação

com isso no site, no Instagram e na forma como flui a interface no site.

Comunidade - Aqui é o ponto mais importante pois atende as clientes. Atrai pela identidade e causa. O exemplo das postagens e a linguagem comprovam isso. A ideia das aulas de Yoga mostradas no link da bio indica uma orientação para coisas diferenciadas que possam atender a essa comunidade de uma forma diferente do que vemos por aí. O resultado desse cuidado é visível em uma conta do Instagram com grande número de seguidores. Aliás, vale a pena seguir para acompanhar o que elas compartilham sempre.

Disponibilidade - Do WhatsApp para atender rápido as brincadeiras compartilhadas no feed do Instagram. De estar nas redes sociais onde estão as pessoas da comunidade. Por isso estão no Pinterest, Instagram, WhatsApp e Telegram. Mas além disso também dispõe de um site com todas as informações detalhadas sobre os serviços e um app para quem quiser fazer os pedidos na palma da mão.

Atenção aos fotógrafos - Mostraram a preocupação com os colegas que perderam trabalho e que precisam compensar perdas com o impresso em produtos diferenciados. Não sei como foi essa iniciativa, mas o movimento é válido de qualquer forma.

Amizade e o marketing humano - O novo marketing desses tempos de pandemia é humano. De um para um (pessoa para pessoa). Vejo esse olhar no que elas fazem com a Print Love da valorização da amizade e de criar algo com toque emocional. Do cuidado com o produto até a forma de conversar e promover tudo com as clientes. Sobretudo porque é feito com esse olhar carinhoso. Vai além da fotografia impressa, pois envolve emoção atrelado a um sentimento de grupo. O que me parece ser o caminho mais acertado para qualquer negócio daqui para frente.

Saiba mais: @queroprintlove

POR QUE ESSE É O MOMENTO CERTO PARA PREPARAR UM PRODUTO PARA 2021?

Grandes empresas e negócios em geral costumam fazer o planejamento no último trimestre do ano. Um plano com as ações para o que será feito de olho em bons resultados para o próximo período. Contudo, nesse cenário desafiador de *pandemia+crise econômica*, pensar em ações não é tão simples assim. Sobretudo porque o quadro segue difuso de como será o desdobramento das muitas frentes. Seja quanto a pandemia e o comportamento de consumo no geral. Ainda assim, é a chance para refletir e preparar algo para os primeiros meses de 2021. Aproveitando esse momento (esteja você com boas vendas ou não) para repensar a linha de produtos e preparar algo novo (ou renovado) para os clientes.

Ficou claro que os produtos são fundamentais para os fotógrafos em diferentes áreas. Especialmente para a fotografia de família e suas variadas vertentes. O importante é balancear a oferta com um lançamento adequado ao momento. Formas de avaliar dependem do quadro que o fotógrafo enfrenta agora:

Os perfis de mercado se encaixam nas dinâmicas abaixo:

1 - Estou sem clientes e nem tenho produtos

2 - Estou sem clientes e tenho produto

3 - Tenho clientes e tenho produto

4 - Tenho clientes e não tenho produtos

1 - Para quem está começando é muito provável que esse seja o cenário atual. Embora possa ter alguém experiente empacado aqui também. Sem clientes e sem produto é o pior lugar para se estar e infelizmente é a média do ramo hoje. Nesse caso é a hora de desenhar um plano de criação de produto. O melhor caminho a seguir aqui é criar para os clientes (aqueles que você quer atender) e definir.

2 - Você pode estar sem clientes mesmo tendo produtos se o seu perfil está atrelado ao "produto mais do mesmo". Nesse ponto você é afetado por fotógrafos que

competem com preço e que muitas vezes ou tem produtos iguais e mais baratos ou só fazem coisas digitais também mais baratinhos. O processo é igual a etapa 1. Ou seja, você precisa criar para os clientes e recomeçar. Um dos fatores que levam ao fotógrafo nessa condição é a falta de indicação e marketing boca a boca.

3 - Obviamente isso não representa a média do mercado. Fotógrafos que estão bem de clientes e de produtos são minoria. Nesse quadro o fotógrafo tem uma carteira de clientes que atende com frequência e desenvolveu produtos. Importante avaliar se o que é oferecido está dentro do que as pessoas querem para hoje. E se vai continuar válido e interessante para 2021. Se o colega que compete no mercado que tem o mesmo perfil que o seu desenvolver um produto encantador junto com o serviço fotográfico a situação pode ficar difícil nesse começo de

ano. De novo, o fato de ter os clientes e produtos é uma condição muito mais favorável. Pois a proximidade pode ajudar a entender e criar de forma simples e efetiva o que os clientes atuais gostariam de ter que fosse ainda melhor do que você já oferece. Vale a pena observar a possibilidade de ampliação da linha de produtos com estratégia de marketing lateral.

4 - Tenho clientes e não tenho produtos, é mais comum do que parece. Nesse cenário, o fotógrafo atua com força com fotos digitais e serviço. É sempre lembrando e entrega só os arquivos e retorna com frequência pela indicação e recorrência. Aqui é um desperdício não oferecer um produto ou algo que possa tornar a experiência mais completa. E dar um legado em memórias para as pessoas. Outra vantagem é que oferece

condições de melhorar a rentabilidade e expandir o faturamento.

Marketing lateral e produto de ataque - São duas estratégias para expandir sua oferta para 2021. O que você faz na fotografia e o público que atende ou quer atender provavelmente tem alguma conexão com novos produtos a serem oferecidos. O fotógrafo de parto é naturalmente conectado com a gestante. E aqui cabe observar que oferecer um produto distinto para a gestante também faz sentido. O marketing lateral é abrir o leque com novos produtos para públicos aproximados. Quem faz gestante, faz parto e pode fazer newborn e aniversários. E por aí vai. Só que não é só a fotografia como serviço, pois cabem novos produtos para cada um desses segmentos.

O produto de ataque bem que poderia ser chamado de produto da pandemia. Pois se trata da oferta de um item (impresso) mais em conta e que ofereça vantagem financeira. Um álbum mais simples com preço acessível. É o entregar menos cobrando menos. Coisa que se aplica em álbuns, fotos para colocar na parede, fotos presentes criativos. O importante é entender que seu produto de ataque é chamado assim porque protege o fotógrafo da competição. Trata-se da oferta de uma peça simples que pode (e deve) ter um diferencial. Seja no formato, na tecnologia e afins. Mini sessões com mini-álbuns é um exemplo que vemos com frequência, mas a verdade é que essa ideia serve para qualquer serviço/produto do fotógrafo. Importante destacar que o produto de ataque atende uma estratégia. Não deixar clientes irem para a concorrência, deixando-os por perto, mas vai ser difícil sustentar o negócio (pois exige volume) só na base do produto de ataque.

O importante é ter um produto e sair da condição 1, do fotógrafo sem cliente e nem produto. Se você quiser não ter produto impresso também é possível (embora desafiador e improvável). O importante é tentar e se não der certo ajustar e tentar de novo. Lembrando que a foto no papel nas suas mais variadas opções é o que fica para as pessoas. Uma obra final crucial para eles como memórias ou para finalidades específicas. Então aproveite o fim de ano (ou o começo de ano ou qualquer momento do ano na verdade) para estabelecer um objetivo nesse sentido. E assim (re)começar 2021 com uma previsão e intenção mais favorável e otimista.

Só ter um produto não é o bastante

Você só vende o que mostra é uma máxima que segue valendo na fotografia. A diferença é que você não precisa mais estar presente para mostrar

Mostruário é algo de muito valor e muitas vezes esquecido pelos fotógrafos e negócios de fotografia. O que chega a ser contraditório por duas questões: trabalhamos com imagens e não usamos isso em nosso favor. E o pior: ter um mostruário desatualizado ou na pior das hipóteses nem ter nada para mostrar.

Você compraria de um site que não tem o produto para mostrar? Vale o mesmo questionamento para lojas físicas. Queremos ver ao menos e poder entender melhor quais os benefícios e detalhes do produto. Porque seria diferente na fotografia. Aqui há uma observação importante. Esse conteúdo vale para os fotógrafos e negócios de fotografia que estão em outro patamar. Aqueles que têm produtos e sabem do valor deles para o marketing. O grande desafio agora é que não basta apenas ter os produtos é fundamental mostrar.

Pegue o exemplo da Go image, uma das melhores encadernadoras do Brasil. A empresa criou uma forma dos fotógrafos terem o álbum para mostrar e para verificar antes em uma versão tridimensional. apresentar o produto assim acabado tanto para o profissional quanto como ferramenta de encantamento para os clientes é sobre essa nova fase que estamos vivendo. O fotógrafo pode enviar uma versão dessas vias WhatsApp. Ou por e-mail. Ou via link para o Direct do Instagram. A forma de mostrar evoluiu para um formato em tempo real e multiplataforma.

As campanhas de grandes redes de varejo durante a pandemia trazem anúncios mostrando vendedores disponíveis para atender ao vivo via WhatsApp. Obviamente ao entrar em contato, o cliente pode receber fotos e saber mais detalhes do produto que tem interesse. Em alguns casos o vendedor está na loja e pode fazer a demonstração do produto em tempo real e em vídeo. Algo que vem acontecendo em Lives no Instagram inclusive.

O fato é que a loja ao vivo é um conceito que ganha força agora no Brasil. Mas lá fora já é uma realidade faz tempo. O que impede você de fazer uma live no Facebook ou Instagram ou no Zoom e vender na hora? Essa pergunta vem sendo respondida por empreendedores da fotografia e de outras áreas com resultados animadores. De novo, isso só funciona se você tem o produto.

Como divulgar é uma pergunta importante. E é aí que percebemos que o P de produto puxa todo o marketing na fotografia. A questão aqui não é se você deve divulgar no Instagram porque todo mundo está lá. A pergunta correta deveria ser: onde está meu cliente e como ele quer conversar. Promoção no marketing moderno é uma divulgação em forma de conversa. Daí faz todo sentido as Lives estarem bombando.

Como os cases estão fazendo?
As referências que estão indo bem na fotografia em diferentes áreas criam para seus clientes. Ou seja, seguem a linha de criar um produto para o cliente e não tentaram empurrar o que está disponível. Feito isso, a segunda

etapa é mostrar e ter consistência na conversa que é a divulgação. A melhor forma de entender isso é imaginar uma fotógrafa de família.

A fotógrafa atende gestantes em partos e festas infantis. Ela cria um álbum que tenha vídeos atrelados com realidade aumentada porque as clientes querem surpreender parentes e amigos. Ela cria uma história com diagramação diferenciada porque as clientes preferem uma narrativa que faça sentido com o que elas acreditam. O padrão muda de pessoa para pessoa, mas existe uma linha parecida porque o perfil das clientes é parecido. Um detalhe importante é que essa fotógrafa por criar álbuns e produtos desse tipo acaba mostrando essas histórias e atraindo mais perfis similares.

Como ela mostra? Boa parte veio por indicação. Mas quando ela começou a abordagem foi orgânica e caso a caso. Ela foi crescendo aos poucos, atendendo bem aos clientes. Não fez mais do que a obrigação só que ela deu toques pessoais e humanos na forma de atender e servir. Ela tomou cuidado com prazo, produto feito com a mais alta qualidade e atenção aos detalhes. As clientes fizeram a divulgação por ela. Seja em contatos pessoais presenciais, mas agora muito mais via indicação por redes sociais e apps de mensagem. Nas rodinhas virtuais essa fotógrafa bombou. De tempos em tempos a fotógrafa troca o portfólio de produtos ofertados. Fez vídeos e contou com imagens e textos muito pessoais sobre a história e aplicação de cada produto. Isso está no site dela, mas também é postado com certa frequência nas redes sociais. Sempre com um toque muito pessoal, humano, a fotógrafa percebeu que o melhor resultado que ela tinha além da indicação era usando as hashtags corretas pensadas para o público que ela atende. Ela também fez parcerias com lojas que atendem seu público. Parceria online que deu muito certo. a fotógrafa faz Stories e vídeos para mostrar a rotina e sempre que pode criar vídeos curtos para mostrar que o novo produto saiu para aquela cliente querida. O público dela está no Instagram, mas a efetividade do trabalho é muito mais encadeada pelo efeito de rede de uma cliente puxando a outra. O bom e velho boca a boca que agora ocorre no ambiente virtual. Anualmente essa fotógrafa não só atualiza seus mostruários como também pensa em linhas novas e pequenas evoluções em embalagens e novas tecnologias. Ela está atenta e preocupada em mostrar essa preocupação com as clientes.

O exemplo acima não é incomum e se parece algo estranho para você é porque não faz parte da sua realidade de mercado (ainda). Esse perfil poderia se encaixar em diferentes níveis sociais e faz parte da rotina de muitas fotógrafas que estão atendendo nesse nível de marketing. Aqui lembrei dos tipos de fotógrafos quanto ao produto. Essa do case acima está na faixa da diferenciação. Ela pode até ter produtos acessíveis, mas foca na venda do produto médio ou mais caro. E mesmo o mais barato dela é mais rentável do que o mediano da concorrência em nível abaixo.

Fazer a divulgação sem seguir um padrão "mais do mesmo" e apelando ao preço é coisa de fotógrafo com diferencial. Para criar um produto que ajude a vender o negócio existe um composto que envolve outros elementos. A experiência do trabalho fotográfico, a percepção do cliente quanto ao que foi entregue. Tem relação direta com o posicionamento dessa profissional que certamente não fica na base do mais barato que a concorrência.

O produto não se vende sozinho. O produto ajuda se for mostrado e se tiver diferenciais que vão desde o design até embalagem e acabamento. Tecnologia, atendimento, prazo também fazem parte desse pacote. Os canais de divulgação dependem de quem é atendido. Alguém duvida que mães estejam no Instagram e tem conta no WhatsApp. Logo, se o ambiente competitivo é tão semelhante para tantas profissionais, como se destacar? Em um mercado onde vemos tão poucos fotógrafos tendo o cuidado com o produto isso já vira um diferencial e tanto. A linguagem, comunicação e a forma sedutora de atrair clientes vai passar por levar tudo para o perfil mais individualizado possível. Isso quer dizer: ser mais você nessa maneira de fazer a divulgação/promoção/conversa. Sem esquecer que as clientes (pessoas) não querem que empurrem um produto para elas. Colaborar, conversar e atender esses desejos são traços frequentes dos profissionais de destaque na fotografia. O produto é só o resultado do jeito que eles fizeram para materializar tudo isso. Que tal tentar?

O comportamento do consumidor é muito importante!

Em uma entrevista não faz tanto tempo assim, o CEO da Netflix disse: nosso concorrente é o Fortnite e o TikTok. O que ele explicou é que o consumidor busca alternativas de entretenimento não só em outros canais de tevê ou de streaming, mas também em jogos, redes sociais. Faz todo sentido e não é diferente para o nosso mercado. Esse entendimento de como as pessoas estão se comportando quando o assunto é fotografia é fundamental. Mas como fazer isso? Uma das formas é fazendo pesquisas ou mesmo acompanhando online ou presencialmente a jornada de consumo das pessoas. A grande questão é: o que compete com sua fotografia e os produtos que você oferece e que não tem relação direta com fotos? A resposta vai depender de cada caso e perfil de consumidor e da área de atuação do profissional. O fotógrafo de família tem um público e o autoral tem outro. O relevante é entender as possibilidades.

Para a fotografia de uma forma geral existem competidores naturais que praticamente valem para todos os nichos. O smartphone é um exemplo. Será que a família vai desvalorizar a possibilidade de comprar um produto impresso porque pode querer as fotos só na telinha? Nesse caso existem dois desafios: o primeiro quanto ao produto. Do cliente descartar o impresso porque a tela resolve. Do outro prisma, esse mais complicado, das pessoas dispensarem o serviço porque todos tem um smartphone e já fazem fotos com frequência. Se levarmos em consideração que o smartphone é o grande centro de atenção então podemos destacar outros concorrentes dentro desse ambiente. São eles:

- Redes sociais em geral.
- Serviços de fotografia na nuvem, Caso do Google Photos para armazenar as imagens
- Vídeos como concorrente da fotografia.
- Jogos online ou em apps
- Ouvir música

- Apps de mensagens para conversar com amigos e parentes

Poderíamos estender as opções ainda de forma mais detalhada. O que é interessante é observar que esse comportamento de ameaça oferece ao mesmo tempo oportunidades. Se os consumidores estão nesses "concorrentes", como eu posso me beneficiar? criar produtos e formas de divulgar e conversar com essas pessoas nesses canais digitais.

O que concorre com o serviço de fotografia? Essa pergunta é bem mais ampla. Um casal pode preferir pedir uma refeição no delivery do que fazer um ensaio rápido. Embora sejam coisas bem distintas, ambas envolvem experiências. Nesse momento, com as questões de isolamento e da pandemia (para uma parte da população, óbvio) a concorrência é quanto aos valores fundamentais de uma família. Algo que envolve segurança, conveniência e confiabilidade. De novo, estudar o consumo do seu público pode oferecer oportunidades. Foi assim que o ensaio remoto surgiu e se popularizou. Aliás, teve até sessão de família online fazendo comida e depois comendo e conversando. A junção da experiência na oferta inusitada.

Em outra ponta desse momento delicado está o consumo consciente e a necessidade de gastar menos. Fotografia não é essencial, mas família é. Logo, o ajuste na oferta com sessões curtas, rápidas e acessíveis com produtos mais baratos (mas que também te dão menos trabalho) é uma forma de adaptar a oferta.

Um livro, um jogo de tabuleiro, um quebra-cabeças e por aí vai. Os concorrentes de um produto ou serviço de fotografia muito provavelmente não envolvem um fotógrafo disputando espaço com o que você tem a oferecer. O desafio aqui é de fato entender três pontos:

1 - Quem é seu público de fato?

2 - o que ele está consumindo e como você pode ofertar algo orientado para esse quadro?

3 - Como você pode ouvir e colaborar?

Grandes marcas mundiais fazem estudos detalhados de comportamento para mapear o consumo e comportamento das famílias. Você não precisa de tanto, pode usar recursos aí disponíveis nas suas redes sociais e perguntar: o que você está fazendo nesse momento para se divertir e como está consumindo na pandemia? Você pode entender isso com uma abordagem um a um e privada ou no formato aberto. Talvez você já tenha notado esse comportamento. "Meu cliente está sem dinheiro e não quer gastar com nada" ou "meus clientes não querem fotos impressas" ou "meu grande concorrente é o digital". Esses são argumentos que ouvi muito nos últimos meses. Então colabore com os colegas e comente outros comportamentos tão comuns nesse momento. Como seus clientes estão consumindo e como você pode oferecer algo para fazer parte disso.

A tecnologia como aliada do produto e do seu negócio

Os fotógrafos que se destacam e que vão continuar no mercado fotográfico colocam seus esforços em produtos diferenciados. Um detalhe aqui, algo único ali e por aí vai. Não existe uma receitinha de como dar esse toque pessoal a oferta que será entregue aos clientes. Até porque esses mesmos profissionais fazem um equilíbrio entre a identidade deles e a capacidade de ouvir e criar algo para as pessoas. E se estamos falando de colaboração, a tecnologia tornou muito mais fácil e efetivo surpreender. Contudo, existe uma pegadinha.

O tecnológico que ajuda e atrapalha. Em um mundo dominado por smartphones e redes sociais, para que é mesmo que eu preciso de fotos? Se posso ver e curtir e compartilhar para que vou precisar de um álbum ou uma foto no papel em um produto impresso? Some a isso a tendência dos smartphones cada vez mais sofisticados e a falsa percepção acentuada pela fotografia criada por esses dispositivos. A era dos filtros e aparelhos super sofisticados tornaram a pessoa comum em alguém com acesso a fotografia "bonita e prática" na palma da mão. Os fotógrafos dizem que é o olho que faz a diferença e é verdade, mas é inegável que muitos clientes estão com noções fotográficas cada vez melhores.

Mais fácil então aceitar o que está evidente há muitos anos: o normal é a foto digital na rotina das pessoas. O que é novidade é uma fotografia personalizada que surpreende em algum produto que as pessoas nem imaginavam que poderiam fazer.

Por que isso importa? Porque o cliente tem a junção das fotos em abundância dessas telinhas e apps e esse novo comportamento "faça você mesmo" que vale até para as fotografias no dia a dia. O desafio cresce, pois, a oferta de profissionais não para de crescer e o ambiente competitivo mistura "todo mundo é fotógrafo porque tem um smartphone" e "parece que todo mundo virou fotógrafo profissional". Exagero? Dê um Google para pesquisar a quantidade de fotógrafos na sua cidade. O que tanto fotógrafos e clientes não têm em comum na média do mercado hoje? um foco em produto diferenciado. Aliás, em qualquer produto impresso. E é aí que está uma oportunidade para quem deseja investir na diferenciação. E fazer isso com a ajuda da tecnologia.

Qual a alternativa? No mundo dos negócios existe a análise de oportunidades e ameaças. O que é curioso desse exercício é que normalmente o que é um problema externo também oferece oportunidade. Marcas de câmeras perceberam que os smartphones poderiam ser um aliado e começaram a facilitar a vida do usuário com envio rápido de fotos entre os dispositivos. Ou outros fabricantes do mercado fotográfico que criaram impressoras de bolso para smartphone. Para fotógrafos a tecnologia na palma da mão deve ser aliada, pois não podemos lutar contra ela.

Alguns exemplos de como a tecnologia pode ajudar e deve ser sua aliada...

O QR code é um exemplo de junção oportuna. Você coloca no álbum ou produto impresso o QR Code. Não é uma tecnologia nova, mas ganhou vida renovada na pandemia. Pois dispensa toque e permite criar uma experiência digital mesmo em produtos analógicos. Os porta-retratos com trilha do Spotify ou com vídeos atrelados (ou áudios com mensagens variadas) estão criando uma forma de gerar encantamento para as famílias e nas mais diversas aplicações.

Multimídia - esse caráter multimídia já virou questão obrigatória. Isso porque envolve justamente o uso de outras mídias que vão além da fotografia. Um slideshow ou vídeo atrelado ao QR Code pede o uso de outros recursos visuais. O fotógrafo investir e apostar nisso (na combinação de fotos, vídeos e animações) faz todo o sentido para os novos produtos da fotografia.

Os produtos personalizados. A personalização é um caminho sem volta. E como funciona? são sobre conversar e entender o que aquela pessoa necessita e colocar a fotografia adaptada nisso. Uma festa de aniversário da filha que é apaixonada por música. Logo, o papel do fotógrafo é criar algo que envolva essa dinâmica (usando os recursos disponíveis citados nos itens anteriores) e combinar com a foto impressa. Pode ser a decoração da festa, fotos para redes sociais e afins. Para personalizar você precisa conversar e colaborar com o cliente. O resultado disso quando feito da forma correta gera fidelização, encantamento e recorrência.

Faça você mesmo. A era do DIY só avança. É dar para as pessoas a capacidade de colaborar e criar junto com você.

Novos produtos como diários e álbuns personalizados indicam essa tendência. De tornar possível ao cliente personalizar ele mesmo usando a fotografia. A dimensão do produto que pode ser personalizado nessas condições é outra. Já que a pessoa participa do processo criando em conjunto e aos poucos com o negócio de fotografia. Exemplo: álbuns para desenhar e escrever. Adesivos com álbuns fotográficos com figurinhas. Fotopresentes de montar. E por aí vai. Tudo depende da criatividade. Aqui também cabe criar minicursos e ensinar ao cliente como fazer isso. Logo, temos aqui dois produtos: o que envolve a foto impressa que pode ser personalizada e montada pelo cliente e o guia (em vídeo) mostrando como a pessoa faz para montar o produto. Também pode ser um tutorial escrito ou combinando texto, vídeo e fotos.

A questão do especialista. Todas as opções anteriores servem ao fotógrafo para se apropriar do perfil super especialista das memórias. Ou seja, um agente das fotos impressas que cuida em diferentes frentes das memórias (o legado) das famílias. Mas que pode atender outros segmentos com base nos mesmos fundamentos.

A agente de impressão de memórias. Está conectado com a opção anterior. Nesse caso específico trata-se de imprimir as fotos das pessoas. Seja de viagens, fotos antigas, relíquias. Serve para organizar, catalogar, imprimir, restaurar e criar peças impressas se assim o cliente quiser. Serviços como o FotoGo ilustram claramente essa tendência. Do fotógrafo como um responsável pelas fotos que ele fez das pessoas e aquelas que as pessoas têm e esqueceram no HD, redes sociais e smartphone.

Todo conteúdo abordado acima envolve distintos produtos. Pode ser decoração com fotos, fotos, fotos, fotopresentes decorativos e inusitados, álbuns, revistas, mini álbuns, impressões para ações comerciais e corporativas. Fotos avulsas, mas com embalagens únicas. O fato de podermos hoje criar tudo com foto (de joias e árvore de Natal fotográfica) traz só o limite da sua imaginação.

Ou do contrário você faz o mais fácil. Como vimos anteriormente existe o fotógrafo sem produto ou aquele que oferece "mais do mesmo". Com tantas possibilidades e um mercado tão competitivo é um risco seguir nessa linha da mesmice ou nem ter produto. A decisão é sua, claro. E o efeito no preço é quase certeiro.

Produto é colaboração

Criar produtos pensando nos clientes é uma forma provocativa e acertada de conduzir os negócios. Não que seja fácil. Na fotografia não deveria ser diferente. Na média os fotógrafos se colocam muitas vezes como parte central da operação e daí para empurrar o produto que eles acham melhor é muito comum. Se um cliente aparece pedindo fotos digitais porque é mais barato, a tendência é achar que isso é a regra de mercado. Não que isso não aconteça. Mas será que você já não aparece para as pessoas logo oferecendo "só o serviço com as fotos digitais "porque fica mais barato?". Responda sinceramente.

Digamos que você atendeu muitos clientes interessados que só queriam fotos digitais. "Fica mais barato sem álbum?" e você já tem uma oferta para isso. Começa aí uma rotina de trabalho que se auto alimenta. Na minha cabeça as pessoas só querem fotos digitais e eu já vou oferecendo para correr para o fechamento da venda. Que tal fazer algumas perguntas?

Você já se colocou no lugar de quem está pensando em comprar fotografia?

Você consome foto no papel? E o que acha de verdade sobre isso? gosta mesmo? entende sua importância?

Você acredita que todas as pessoas são iguais?

Por que acha que com você seria diferente?

Para responder a primeira pergunta temos que nos colocarmos no lugar das pessoas. Eu sou o cliente, mas sou uma pessoa única. Vou fazer o aniversário da minha filha em casa e quero ter esses registros para relembrar. Estou acostumado com fotos na telinha e curto Instagram e tenho uma tv smart. O que quer dizer que poderia assistir a um slideshow com fotos desse momento em um vídeo não listado no YouTube ou transmitindo de algum dispositivo para a minha tevê. Eu não sei o que poderia fazer com fotos além disso. Eu quero que amigos e parentes possam ver e aproveitar. E nesse ponto as fotos digitais para minha são o bastante.

Estou cansado de telas, telonas e telinhas. Ainda mais depois de tantos meses de pandemia.

Eu não sei o que poderia fazer. O que pode ser feito para mim com fotos? por que isso é importante de estar em um álbum. Tenho algumas poucas fotos minhas de quando era pequeno. Gostaria de ter mais lembranças disso de forma física? Como você pode me ajudar?

Não tenho tanto espaço em casa. Então preciso de algo menor, algo valioso e pequeno. Como você pode me mostrar essa história. Posso ter algo para relembrar com uma única imagem? Eu quero que dure por muitos e muitos anos. Eu quero relembrar desse momento divertido e emocionante. Você pode me ajudar como?

Eu não quero pagar muito e claro que quero fotos digitais. Tem alguma coisa que tenha online e físico? tem como parcelar mais? Tem desconto?

Esse é um perfil de consumo e poderia existir tantos outros. A resposta poderia ser simplesmente: você faz só digital sem álbum bem mais barato? A resposta correta para lidar com isso também passa pela próxima pergunta.

Você consome a fotografia como?

Não me venha com a frase casa de ferreiro...se você não valoriza e acredita de verdade na foto no papel está no mercado errado. Pois, na minha visão, trata-se de um pensamento que fere as memórias das famílias. Das pessoas que contratam um fotógrafo para ter algo que vai ficar. Mesmo que tenha o digital como principal e que a foto no papel faça parte de uma cortesia. O importante é de alguma forma dar ao cliente algo para ele ter como legado. Se você não consome a foto no papel, como vai vender para seus clientes? Sem acreditar e conhecer ficará difícil fazer alguma diferença. Esse processo de retomada deveria começar por você por uma razão simples. Sem consumir foto no papel, a tendência é que já vá empurrando a oferta digital para encurtar a negociação.

Aqui o mantra é: feche comigo logo pois estou precisando. Fecha comigo de uma vez que você terá minhas fotos incríveis e digitais. Ou seja, até a próxima deslizada de dedo já sumiu de novo.

A próxima pergunta também se conecta com a primeira e a segunda. Você acredita que todas as pessoas são iguais?

Clientes não são cadastros e nem prospects. São histórias e necessidades muito específicas. Cada trabalho tem uma missão específica. Eu tenho um cão que poderia ter um retrato. Eu tenho uma conta no Tinder e preciso de uma foto melhor. Em cada caso, a escolha da oferta é sua. A foto do pet é para a rede social, mas ganha uma foto para pendurar na parede. A foto do Tinder dá direito a um porta-retrato. No fim, a mudança aqui é de expansão. Eu tenho a foto digital e te dou mais isso. Ou vice-versa. O fato é que cada pessoa atendida tem um desejo muito particular. E é aí que entra a capacidade de se interessar, ouvir e criar algo para aquele indivíduo. Fazendo assim e desenvolvendo junto com essa pessoa dá para colaborar e gerar algo híbrido que sempre terá a foto nas duas versões, online e física. O novo marketing é assim. Feito com cuidado, carinho e de forma muito customizada (isso gera valor). Para quem é servido é algo mais completo. Uma oferta que envolveu a experiência de ser fotografado (ou ter algo retratado) e ainda garantir um item personificado.

Trabalhar assim não é simples. Você terá que mudar a abordagem e tentar coisas diferentes. Talvez justamente o que é necessário para adicionar valor ao seu negócio. Com raras exceções os melhores nomes daqui e de fora em qualquer área tem algo físico para entregar com fotografia. E é aí que encerro com uma última pergunta: por que acha que com você seria diferente?

Sem Produto não dá para viver da fotografia

Eu tinha que dedicar um capítulo só sobre isso neste guia/livro. No mercado nota-se que fotógrafos começam com suas câmeras e sites (às vezes só com Instagram mesmo) e ávidos por fotografar e aparecer. Divulgam suas fotos, tentam vender e quando o cliente aparece negociando "sem álbum fica mais barato?" a resposta é quase sempre sim. Eu entendo que essa é uma necessidade de ajuste. E olha que isso acontece também com fotógrafos mais experientes pressionados pela nova dinâmica do mercado. O que acontece muitas vezes é o fotógrafo nem ter produto impresso já de partida. Aí a questão é baixar ainda mais o preço. Então fica claro que o produto físico é relevante até nesse equilíbrio na hora de negociar. O cliente aparece e você sem produto não tem uma alternativa a não ser reduzir ainda mais seu valor. O que me faz lembrar que o caminho da fotografia digital é o valor zero. Tudo o que é online e 100% digital tende a redução de preço. Ao menor valor possível. Aos consumidores é vantajoso. Pois a oferta de fotógrafos é gigantesca e eles podem escolher a opção mais em conta nesse "cardápio" de fotógrafos 100% online. Sem produto físico, o fotógrafo mais talentoso é só uma passada de dedo e uma curtida com sorte. O fotógrafo fica refém das negociações. Veremos aqui nesse guia que a importância do produto é puxar todo o marketing. Com produto adiciono valor, gero indicação, sensação de pertencimento aos clientes. Garanto memórias e crio uma marca completa. Com produto impresso me torno diferente da média e profissional de verdade. Mostro-me especialista completo das memórias e conto histórias de uma forma emocional. Está provado em pesquisas. Pessoas dão mais valor ao que é tangível. Um fotógrafo sem fotos no papel é só mais um e não terá outro caminho que não seja competir no preço ou ser pressionado por isso com frequência. O produto está ligado aos outros P´s do marketing: ele valoriza o preço, garante a conversa (divulgação do P de promoção), faz você aparecer com consistência para aquela família e nos outros canais e gera um posicionamento de valor real na cabeça das famílias. Quanto eles precisarem de alguém para imprimir fotos, criar álbuns e afins...quem é que eles vão lembrar mesmo?

E vale qualquer produto? Aqui é quando o jogo começa a se sofisticar. O fotógrafo que tem peças físicas não pode achar que só isso é o bastante. Pois é o que eu vejo como marketing intermediário. Os fotógrafos e negócios de foto que estão bem valorizam e se diferenciam com produtos. Claro, também atacam em estilo, marketing de conteúdo, relacionamento e experiências. O produto faz parte disso obviamente. Eis aqui a evolução e o novo desafio quando decidimos encarar a criação de um produto na fotografia. Que se a minha concorrência de nível melhor, aqueles que estão em um patamar acima, fazem produtos melhores...logo tenho que me diferenciar da mesma forma. E como faço isso? é a personalização, a colaboração com os clientes e a busca por excelência. O que quero deixar bem claro aqui é o seguinte: não basta só ter um produto qualquer, tem que ter algo personalizado e com acabamento e materiais de altíssimo nível. Aí você pode pensar: mas Leo, isso vai encarecer. Vai adicionar valor. O que não quer dizer que você não possa ter produtos mais acessíveis. Aliás, produtos mais sofisticados e caros tornam produtos de entrada oferecidos por você com preço mais alto até acessíveis. É a tal da relatividade, ou ancoragem de preços. Mais na frente veremos isso em detalhes.

Então podemos imaginar o seguinte:

- Você está acima na intenção de ter produto. Já que a média no mercado não tem essa preocupação.
- Chegando nessa fase você encontra fotógrafos que atuam com produtos e assim se fizer mais do mesmo você terá que cobrar menos ou igual.
- o caminho natural é conseguir ter linhas que se encaixam entre o fotógrafo sem produto e o mediano. Para com seu produto de partida (mais

em conta) poder começar essa briga de forma competitiva, mas com qualidade na diferenciação.

- E cercar o fotógrafo mediano com seu produto intermediário com oferta ótima que traz diferenciais que ele não tem. O seu produto médio em preço será mais interessante e atraente do que os referentes na mesma faixa do que ele tem entre mediano, mais caro e nem cogitando o mais acessível.

- Claro que isso não é fácil. E que esse caminho envolve customização e atenção aos detalhes e fazer contas de uma forma muito completa.

- Sem esquecer que o produto é complemento do serviço. O que vai valorizar sua oferta ainda mais.

- Sem esquecer também que você tem que buscar o seu propósito e olhar muito para o perfil do público para criar produtos para eles.

Decidi trazer aqui na primeira parte do guia uma parte importante do livro Marketing Básico para Fotógrafos. Sobre produto e personalização nesse novo marketing. Creio que é uma forma animadora de começar nossa trajetória.

Produto virou colaboração e personalização

O produto segue crucial, só que agora sua base é na cocriação. O consumidor ou prospect vai criar com você. Um exemplo: uma fotógrafa de família pergunta aos seguidores no Stories do Instagram qual tipo de ensaio gostariam de fazer. Pergunta o tempo de duração, se é externa ou no estúdio, se tem tema. E por aí vai. Isso é um exemplo claro de cocriar com seus clientes. Ouvir a história do casal e personalizar o álbum com algo importante para a noiva. Cocriar a história, personalizar o produto de acordo com as necessidades do cliente. Ou como Seth Godin diz: Crie um produto para seus clientes e não tente vender seu produto para eles. As pessoas querem algo com a cara delas. Eu quero fotos com a minha essência. Eu gostaria de um ensaio dentro da livraria com minha família porque gosto de livros e minha mulher e minha filha também. Resumindo: o produto cocriado é feito em parceria com quem te contratou. Você precisa ouvir o cliente. Você vai ter mais trabalho para fazer o que ele quer. Só que poderá cobrar melhor por isso.

"Eu fiz isso para você" e é bem diferente de "eu tenho isso para você". Uma diferença que veio com o ajuste na forma de se fazer negócios em qualquer segmento. As pessoas obviamente querem algo feito para eles. Isso tem relação com personalização. Logo a primeira pergunta para você é simples:

Quem é seu público? Se você disser que é todo mundo que aprecia fotografia ou de pessoas que gostam de momentos eternizados estamos começando mal.

Produto cocriado – ele vai fazer pesquisas frequentes na internet e nas redes sociais e perguntar aos próprios fotógrafos o que eles querem em termos de produto. O produto cocriado dele vai solucionar o seguinte problema: como melhorar o marketing e criar um plano de ataque?

Exemplos de Marketing 4.0 na fotografia

Cases reconhecidos para entendermos exemplos de marketing 4.0 com cada um dos P´s. Vamos começar por produto.

Se produto no marketing 4.0 é cocriado com os clientes, nada melhor do que olharmos para fotógrafos estabelecidos que entregam algo em colaborativo para os consumidores. Fernanda Bozza, de São Paulo, ilustra a questão do marketing 4.0 não só com produto, mas em cada um dos P´s. Ela criou em 2019 um estúdio que mais parece a casa da cliente. Não é difícil imaginar que essa decisão dela passou por entender que as clientes querem isso. Fernanda atende gestantes e mulheres, mas também fotografa a família. Profissional experiente, ela tinha um estúdio em uma casa, mas decidiu ir para um escritório que foi adaptado para um local que mais parece de fato o apartamento das clientes. Simplicidade, decoração clean.

Ela tem uma belíssima banheira e um janelão. Tem uma cama enorme no meio do espaço e uma cortina de correr. Tudo para reproduzir um estilo que tem a cara que as clientes querem com a assinatura visual da artista. Eu imagino que Fernanda evoluiu o estúdio dela para esse local porque ela consegue reproduzir com total controle as condições que ela teria no quarto da cliente. Ou seja, Fernanda adaptou o próprio espaço para uma realidade e desejo das clientes. O ponto dela é físico e ajuda na proposta do produto fotografia com a identidade clara e iluminada que é marcante nas fotos que ela cria. O ponto dela se estende no marketplace com um Instagram eficiente. Com grande quantidade de seguidores no que foi um trabalho de anos e orgânico, Fernanda atingiu milhares de seguidores gestantes e mulheres que buscam o estilo dela. A co-criação ocorreu no passar dos anos com o entendimento dela do que as clientes gostam e assim adaptando o ponto físico que é reproduzido nas redes sociais de forma similar. Produto fotografia aliado ao ponto físico que surgiu da evolução cocriada e que acaba sendo compartilhado nas redes sociais. Fernanda tem álbum e valoriza o produto impresso. A obra acabada é parte importante da assinatura dela. A identidade do negócio dela está presente no estúdio, no Instagram, nas fotografias e até na forma dela se vestir e falar. Vamos ao P de promoção. No caso dela é uma conversa que é gerada no Stories e nas indicações das próprias clientes felizes e atendidas por ela. A conversa ocorre no Instagram e note como ela parece de fato conversar usando os vídeos de forma autêntica para o que ela oferece. Vale a pena seguir @fernandabozzafotografia no Instagram para ver do que estou falando. A parte do preço eu não tenho os detalhes, mas desconfio que Fernanda não tem dificuldades em justificar o que ela cobra da clientela. Para mim, a combinação do estúdio, com Instagram, a assinatura visual e a forma como ela promovem o negócio é ótimo case de como funciona o marketing 4.0. Aqui cabe a observação: antes ela tinha outro estúdio, o site era diferente e a forma como ela comunicava era outra. O que quero dizer é que as coisas evoluem. Isso vale para ela e para você e para mim. O marketing não é estático. Eu tenho certeza de que Fernanda concordaria comigo se eu disser: a fotografia é parte do marketing e vice-versa. Fernanda chegou em um patamar de assinatura visual que os tantos artistas almejam e poucos conseguem. Esse é o melhor marketing que existe. Quando alguém vê a foto diz: Ah, essa é uma foto da Fernanda Bozza. Outro ponto que merece todo o destaque é o seguinte: a indicação é o melhor marketing que existe. Você pode investir, estudar sobre o assunto e fazer o que quiser. Se os clientes não te indicarem não ocorre recorrência. Que é fazer com que eles retornem e queiram te indicar para outras pessoas. No caso da Fernanda isso acontece e com os melhores fotógrafos também. Então fica a dica: faça um trabalho com afinco e capricha em tudo o que puder. Para que não tenha que ficar gastando tempo e dinheiro para sempre buscar novos clientes. Ter aqueles que retornam e indicam na base do boca a boca é o melhor marketing que existe.

Personalização é um p que tem toda relação com produto e experiência. E que bate também com personalidade (da marca) e preço. Quem personaliza algo torna aquilo exclusivo, único. Logo, você pode cobrar mais por aquilo. Como personalizar? Se pensarmos de forma mais fria, toda fotografia é um tipo de personalização. Afinal, você cria fotos que tem a cara do cliente e da família dele. E eles são únicos. Para você, contudo, eles podem ser mais um aniversário, mais um casamento, mais um batizado. Quando o fotógrafo encara dessa forma e faz sempre da mesma maneira para entregar os produtos e em todos os aspectos do negócio a coisa desanda. Ou pior: vira mesmice seja no produto, no ponto, na promoção e claro, vira precinho. E como é comum. O que mais vemos no mercado hoje são ofertas, posts, fotos e estilos que têm a mesma cara. Como você quer cobrar mais e atrair clientes se faz igual ao coleguinha do lado? Não tem como. Então para responder à pergunta de como personalizar devemos olhar para o ponto do produto: criar produtos para seus clientes e não o contrário. Para tanto você tem que ouvi-lo. Uma família aparece para contratar seu trabalho para um aniversário. Na conversa por WhatsApp eles dizem que esperam algo único. E perguntam o que você oferece. Slideshow, álbum e uma galeria online. Entrega de pendrive etc. Aquela oferta básica. Será que o cliente não gostaria de ouvir: o que você gostaria que eu fizesse para você? Talvez a resposta seja que "eu não sei" ou talvez seja que ele quer uma decoração da festa com fotos do aniversariante. E se você tem "aquela cabine de fotos" para imprimir na hora. "ah, e será que você faz um vídeo de um minuto da festa para a gente postar um dia depois no Instagram?". De uma pergunta surgem inúmeras possibilidades. Nesse quesito temos duas forças: ouvir o cliente e perguntar o que ele precisa. Perguntar é importante para entender as motivações e anseios. Perguntar ajuda a desenhar o que você precisa fazer. Se o cliente quiser a decoração da festa com fotos você terá que fazer mais duas perguntas: como farei isso? E quanto vou cobrar? Mas daquela questão original você gerou valor para seu negócio e para o próprio cliente. Essa é uma personalização para a fotografia. Personalizar é ouvir e adaptar, mas vai além. Hoje podemos colocar fotografia em tudo que quisermos. Você pode criar produtos mais específicos com "a cara do cliente". Seja na embalagem e nos outros itens impressos. Personalizar é um esforço em deixar do produto ao atendimento tudo mais próximo possível do cliente e do que ele espera. O cliente gosta de conversar pessoalmente? Vá visitá-lo. O cliente prefere Skype? Faça Skype. O cliente gosta de álbum gráfico. Faça o que ele quer. O que demonstro aqui nessas posições é que a personalização não passa só pelo produto ou o estilo de fotografia, mas que você pode e deve personalizar todas as etapas do seu negócio. Do primeiro contato até o pós-venda.

O produto é cocriação e isso já vimos antes. Criar de forma colaborativa não quer dizer que o cliente tem que fazer junto com você. Podemos entender esse comportamento sob outro ponto de vista. De que seu papel pode ser de ouvir mais. Entendendo assim as reais necessidades daquele consumidor. Essa é uma forma de cocriação que nem sempre vemos por aí. Fotógrafos parecem muitas vezes preocupados em criar para o próprio ego. Seja para ganhar prêmios ou ganhar muitas curtidas e seguidores ou ser ovacionado em algum palco. O problema é que isso não representa a realidade do mercado. Consumidores 4.0 querem e podem compartilhar e participar porque hoje contam com ferramentas conectadas nas suas mãos. O smartphone é mais do que um adereço ou item de status. Devemos usar a ferramenta de forma efetiva. Como? No WhatsApp você consegue acompanhar em tempo real o que o cliente quer. No Instagram você consegue fazer pesquisas com enquetes e ver exatamente o que eles acham interessante.

Tanto em uma plataforma como na outra dá para interagir na hora. Trocar ideias, discutir sobre possibilidades. Dá para ir além. Ou seja, você não precisa mais ir até o cliente fisicamente para saber o que ele pensa. Ficou tão fácil e imediato e isso pode ter o outro lado também. Fotógrafos que trabalham muito e atendem muitas noivas ou mães estão estressados com redes sociais em geral. Dizem que é um grande desafio equilibrar todas as tarefas e atender aos clientes nesses canais. Porque eles pedem foto na hora e querem respostas naquele momento. De fato, é desafiador. Se você não consegue lidar com isso, temos um problema. Crie uma conduta e esteja preparado para tratar com os consumidores nessas condições. O que isso tem a ver com produto? Tem tudo, porque você vai criar ouvindo e conversando. E as ferramentas servem para ditar esses desejos.

Produto criado com a ajuda dos clientes para depois ser personalizado de forma única. Até porque você consegue criar algo com a cara da família que está te atendendo. Ou de uma empresa. Nessa parte do produto, além de personalizar com a foto, existe a importância de outros pontos. Prazo de entrega é uma parte muito sensível do negócio. Se você demora para montar e entregar isso gera um sério abalo na imagem da sua marca. Lembra que os clientes julgam tudo? Pois o prazo é uma das piores coisas. É como ir em um restaurante celebrado e tudo é maravilhoso. O estacionamento, a recomendação nas redes sociais, o local, a mesa e o atendimento. O menu promete e tudo vai bem com as bebidas. De repente você percebe que está demorando em excesso e pergunta para o garçom. Ele diz que vai ver e volta dizendo que já vem. E demora, demora...já passou por isso? Talvez em um restaurante com perfil diferente. Ou quem sabe em uma lanchonete que você vai sempre e adora como tudo funciona quase do mesmo jeito. Até o dia que nada funciona direito. Você também não fica irritado? Aqui entra um comentário meu de coisas que não entendo com fotógrafos. Por que demoram tanto para entregar o álbum? Por que não podem escolher as fotos para mim? Por que não criam um sistema que melhora esse procedimento de seleção e montagem dos produtos? Conheço fotógrafos que escolhem tudo e entregam na metade do tempo comparado com outros fotógrafos. Alguns que entregam muito antes inclusive. Só que eles não prometem. Na realidade seguem um estilo mais acertado: prometem para depois e entregam antes. Isso é bem poderoso. Prazo é parte do conceito de produto. Tome muito cuidado com seu prazo de entrega. Produto é tudo que é personificado com fotos impressas. Vale para fotopresente, álbum, decoração com fotos, fotos avulsas. Por favor, saiba muito das especificações da mídia. Se o cliente perguntar quantos anos vai durar essa foto qual será sua resposta? E meu álbum vai durar quantas décadas? Pior é se o produto estraga depois de um tempo e de forma inusitada. Imagine que você decide economizar no parceiro de impressão e dois anos depois recebe do cliente uma mensagem de que as fotos estão desaparecendo. Nem preciso lembrar que é como se o dinheiro que ele pagou estivesse sumindo junto. E estamos falando de algo absolutamente emocional.

O produto como parte da experiência na fotografia

Curioso é notar que boa parte dos fotógrafos e negócios de foto acabam separando as coisas quando o assunto é produto. Um engano já que é justamente a união do serviço com produto que pode tornar tudo mais valioso para o consumidor

Uma pessoa chega para a sessão fotográfica. Ela está em um local incrível. Digamos que é uma locação que ela escolheu porque gosta muito de um parque. O fotógrafo vai lá, clica e depois de muitas poses ambos vão embora. O fotógrafo ficou muito satisfeito, porque criou o que queria e sabe o resultado. Já o cliente/pessoa com sorte viu a "fotinha" na tela antes de ir embora. Essa cena se repete faz tantos anos que não chega a ser novidade. E se mudarmos um pouco o processo?

Na hora dos cliques, a pessoa faz algumas selfies com seu smartphone e o fotógrafo sugere que ela faça isso. Mas é aí que entra uma surpresa: o profissional retira do bolso uma impressora de smartphone e faz algumas cópias na hora para que o cliente leve as selfies na hora. Quem sabe até algumas das fotos criadas pelo fotógrafo também sejam impressas como lembranças daquele momento.

Saltamos algumas semanas depois e o cliente recebe o álbum ou outro produto com foto em uma embalagem especial. Na parte de fora vem um tag (uma foto daquela sessão) presa na embalagem. Mais uma surpresa.

A fotógrafa newborn está no estúdio ou na casa do cliente. Ela faz as fotos e perto do fim tira uma câmera instantânea da bolsa. Faz um retrato da mãe com o bebê no colo e entrega para ela uma lembrança impressa na hora.

Um estúdio com cenário para Instagram que tem uma impressora no local para que os clientes não só façam selfies, mas também levem algumas impressões de mimo na hora. Com a comunicação personalizada do profissional.

Um mini álbum com QR code que o cliente recebe e que traz um momento marcante ligado com aquelas imagens. Pode ser um vídeo ou slideshow.

O fato é que os produtos já deveriam ter deixado de ser só uma forma de entregar as fotos. Agora com as possibilidades de personalização e tecnologia dá para fazer muito mais. Tanto no antes, no durante e depois das fotos serem feitas. Antes em um vídeo que mostra como foi a sessão e indicando a experiência completa inclusive trazendo alguma coisa de produto. Ou no próprio contato do prospect/pessoa com um outro cliente que abriu um álbum e comentou daquele momento. O durante é a surpresa (mesmo que a pessoa saiba que vai levar um mimo) pois o impacto do "na hora" e de ter essa foto gerada naquele momento. E por fim, o depois. Nesse caso é o contato com o produto que pode ter uma experiência associada. Os novos porta-retratos com QR Code do Spotify são uma experiência recorrente, por exemplo. E gera o efeito antes, durante e depois.

Marketing moderno e humano combina elementos que vão do primeiro contato do cliente até a entrega do produto. Passando pelo serviço em si até a indicação para parentes e amigos. Quanto mais o produto envolve uma experiência e conseguir ter sinergia com o serviço melhor será. Prova disso é o sucesso das foto cabines (quando tinha aglomeração), das impressoras de eventos, das impressoras de bolso. O fato é que a experiência do produto pode e deve fazer parte do processo todo de encantamento. Sobretudo em um mundo tão digital. O que por sinal é uma vantagem: pois o impresso acaba sendo uma grande novidade.

Pesquisa e posicionamento: itens fundamentais e na criação de um produto na fotografia

Estudar o comportamento de consumo e esmiuçar as necessidades das pessoas é muito importante no negócio da fotografia. Então por que é tão deixado de lado. O mestre do marketing mundial, Philip Kotler, disse no prefácio do clássico livro sobre Posicionamento (de Al Ries e Jack Trout) que antes de mergulhar nas questões de produto, preço, promoção e ponto é primordial fazer a pesquisa direito. Faz todo o sentido por uma questão básica: como você pode criar algo sem entender o mercado e o que as pessoas querem. No caso da fotografia (sobretudo para fotógrafos) a pegadinha é o lado artístico. Logo, se sou artista não tenho que perguntar nada. Nem tenho que pesquisar coisa nenhuma. Sob essa ótica (regra entre fotógrafos) está um problema recorrente. Sem saber o que as pessoas querem, como é que você vai satisfazer seus desejos?

Kotler diz que pesquisando descobrimos que as pessoas são diferentes. Nesse marketing feito para cada pessoa, descobrimos que cada um tem percepções, preferências e necessidades muito particulares. Não é para menos que negócios que investem em super personalização costumam ir muito bem. Quando pesquisamos no detalhe conseguimos definir alguma similaridade entre consumidores (embora eles sejam únicos). Aí é que entra a segmentação: mulheres gestantes têm algo em comum, só que daí a dizer que são todas iguais é muito fora da realidade. Nesse ponto Kotler trata do tema com uma indicação que os negócios de fotografia e empreendedores costumam esquecer. Não dá para a gente atender todo mundo. Ou como ele mesmo diz: "A maior parte das empresas não consegue atender a todos os segmentos. Uma empresa deve escolher aquele a que seja capaz de atender com excelência. Isso é F de Foco".

De foco fotógrafos entendem, mas essa orientação de não querer atender todo mundo é quase sempre esquecida. Precisamos de foco na escolha do público com base em quem a gente é e quem queremos atender.

Pausa para falar da pesquisa. Aqui cabe mencionar esse post recente sobre criar produtos com clientes. A pesquisa pode ser formal, informal, presencial ou online. O importante é buscar essas informações para saber quem você vai atender e quem você vai atender. E claro, quem é você nessa história toda.

Digamos que você estudou bem seus clientes ou propensos consumidores. Digamos que sabe quem você é neste trabalho de viver da fotografia. Então é aí que entra o Posicionamento. É com esse elemento que direcionamos todos os esforços quanto ao produto. A série de conteúdos que venho fazendo aqui é sobre produto, então quero me ater a isso. Muito embora o posicionamento de mercado interfira no preço, no ponto e na divulgação. Se não existe posicionamento bem feito, falta consistência e as coisas ficam capengas. Um fotógrafo de luxo que entrega um álbum sem uma embalagem luxuosa é coerente no posicionamento com relação ao produto? Me parece que não.

Abordei antes sobre o clássico livro Posicionamento. Segundo a definição da obra. "O posicionamento começa com um produto. Uma mercadoria, um serviço, uma empresa, uma instituição ou até mesmo uma pessoa". O que o livro diz é que posicionamento não é o que você faz com o produto. Mas sim o que você faz com a mente do seu potencial cliente. Ou seja, você posiciona o produto na mente da pessoa/consumidor/prospect.

Talvez o melhor exemplo seja a Leica. Quando fala nessa marca você terá uma percepção. É uma joia com câmeras caríssimas. Ou talvez você lembre de Bresson e Capa. Ou talvez lembre das celebridades que fotografam com esses equipamentos. Ou talvez lembre das lojas cheias de sofisticação. Ou talvez lembre das embalagens diferenciadas. E por aí vai.

Se eu falar em Instax talvez você lembre de fotografia na hora. Talvez lembre de diversão. Ou quem sabe de compartilhar com amigos. Ou quem sabe de um momento único impresso.

Se eu falar de outras marcas famosas você também terá outras leituras. Se eu falar de um fotógrafo famoso é a mesma coisa. Quando digo Sebastião Salgado vai remeter a fotografia de natureza, de retratos de diferentes pontos do planeta, de pessoas em situações diferenciadas em regiões inóspitas. Vai lembrar de fotografia preto e branco. Ou das exposições, dos livros grandes e caros. Vai lembrar que ele é brasileiro e reconhecido mundialmente.

De certa forma a foto (impressa ou digital) de um fotógrafo é um posicionamento. Aquele fotógrafo que você gosta pode passar algo e ser reconhecido por uma assinatura visual. Acho que nem preciso dizer que são poucos que chegam nesse patamar (uma dica: tudo está muito parecido).

A questão é que o ambiente do posicionamento em relação ao produto mudou demais. Hoje quando entramos em uma loja de aplicativos do Google ou da Apple encontramos milhões de opções. E como diz o ótimo livro Obviously Awesome: temos só no app da Amazon 580 milhões de produtos disponíveis. A autora do livro, April Dunford, que atuou no mercado de tecnologia nos Estados Unidos, diz que o posicionamento evoluiu hoje para contexto. "É como o começo de um filme ou série que dá o tom do que está por vir".

Obviamente o posicionamento passa pelo trabalho feito anteriormente com sua marca. De entender quem é você para poder criar esse contexto e estabelecer as bases de atuação com o produto. O que claramente vai impactar no preço, onde estará disponível (ponto) e como será divulgado. É sobre contar uma história sua e como levar isso para o que está vendendo. Enfim, como lição de casa você precisa fazer o esforço para responder às seguintes perguntas:

1 - Quem é você nessa história do seu produto? E como uma coisa interfere na outra

2 - Para quem é e como sou percebido pelas pessoas da forma como gostaria? de novo, aqui entra pesquisa e conversa.

3 - Como se adaptar diante dessa percepção? Ajustar o posicionamento a partir disso e fazer as correções no produto, na divulgação, onde estão os clientes e no preço.

Sem responder e fazer esse trabalho respondendo com cuidado não dá para evoluir o posicionamento. Aliás, assim como você faz marketing mesmo sem querer, vale também para posicionamento. As pessoas têm uma percepção de você na fotografia. Logo, melhor mesmo é tomar algum controle disso não?

NINGUÉM PRECISA DO SEU PRODUTO

Essa provocação é necessária para entendermos as necessidades reais das pessoas quando o assunto é "consumir fotografia"

O livro <u>Isso é Marketing</u> de Seth Godin traz a provocação em determinado ponto do texto. "Ninguém Precisa do Seu Produto!". O que ele quer dizer é que não faz sentido dizer para as pessoas que elas precisam de uma foto no papel.

O que as pessoas querem no elemento mais simples não pode ser confundido. Uma coisa são desejos e outra é a necessidade. Precisamos de comida, um lugar para dormir, saúde. Sem isso não dá para viver no mais básico e fundamental. Curiosamente confundimos desejos com o que é necessário.

Na visão de Godin, a confusão começa neste privilégio de ter acesso ao mais elementar. E partir daí para desejos. Algo que nesse momento de pandemia é luxo. O autor diz: "as pessoas estão intimamente conscientes de seus desejos (que consideram necessidades), mas são terríveis em inventar novas maneiras de lidar com esses desejos. Elas geralmente preferem usar uma solução familiar para satisfazer seus desejos, mesmo que não esteja funcionando muito bem. Quando chega a hora de inovar, elas ficam paralisadas".

Entender as necessidades e os desejos é importante para quem quer servir em qualquer área. Para o marketing é ainda mais importante. As pessoas querem ficar com suas famílias e gostar de momentos especiais. Contudo, cada pessoa vai querer fazer isso de uma forma muito particular. O que Godin afirma é que devemos estudar e acompanhar o comportamento dos clientes no detalhe. Entender especialmente sobre seus sonhos e medos, os estados emocionais e partir de um impacto no comportamento a partir disso.

A abordagem sobre o assunto vai além e aproximo da realidade da fotografia:

- Uma pessoa não precisa de um porta-retrato (ou qualquer outro produto impresso). Elas até podem querer, mas querer é diferente da necessidade. Daquilo que é mais básico.

- A decisão pela compra do produto envolve outros fatores: a lembrança do que aquela foto remete. Um retrato de um ente querido, uma data especial. Identificar o sentimento antes de gastar tempo tentando criar um porta-retrato para aquele cliente vai fazer a diferença.

O fotógrafo ajuda uma pessoa a lembrar de algo? Ou relembrar a experiência da sessão? o produto entregue sugere o mesmo sentimento? Então, o fotógrafo do aniversário não está ali para clicar e me entregar as fotos depois...está lá para garantir que eu possa relembrar da melhor forma possível aquelas sensações.

Lidamos e vendemos emoções. O jargão está do nosso lado. Fotógrafos e negócios de fotografia em geral trabalham com a matéria-prima da memória, vaidade, autoestima. O marketing mudou tanto nos últimos anos (aquele que dá certo de fato) pois agora envolve impacto no comportamento. A mulher que contratou a profissional para um ensaio sensual e depois ficou eufórica com o resultado. "As fotos fizeram-me sentir bela de novo". Os caminhos desse impacto deixam evidente a combinação entre serviço+produto no composto da experiência fotográfica. Como você fez eu me sentir com seu trabalho?

Ninguém precisa do seu produto, mas talvez deseje. O desafio é conseguir entender essa dinâmica. Algo que é trabalhoso e pede um envolvimento todo diferenciado do fotógrafo ou qualquer negócio de foto. De que você se importa e vai ouvir e criar para aquela pessoa com base em desejos (que podem parecer necessidades). Saber diferenciar as duas coisas e atuar dessa maneira daqui para frente vai separar os que vão se destacar da média. Em qual grupo você quer estar?

NÃO ENCONTRE CLIENTES PARA SEUS PRODUTOS, ENCONTRE PRODUTOS PARA SEUS CLIENTES

De nada adianta criar uma novidade incrível sem olhar para o principal: a pessoa que vai comprar

O produto puxa tudo só não dá para esquecer do mais importante. Você necessita de clientes. No fim, está claro que é o produto que alinha todos os esforços de marketing (atrair e manter clientes). Pois ele deve ser criado de olho no público e gerar encantamento se obtiver sucesso nesse aspecto.

Aqui cabe observar. Desde que começou a turma do Foto+Produto ficou claro que existem duas demandas para quem quer viver da fotografia. Primeiro, de que sem um produto fica difícil. E acredite: muita gente está sem algo para oferecer. Segundo (e mais central nisso tudo) você cria para as pessoas e junto com elas. Das vencedoras de melhor produto do Foto+Produto isso ficou evidente. De criar fazendo pesquisa (formal ou informal) para entender o que as pessoas querem. Então, o *P de pessoa* vem em primeiro lugar. Para daí criar o produto. Isso é meio óbvio, mas na prática o que mais vemos no mercado hoje são fotógrafos e negócios de fotografia criando algo com base nas próprias vontades. O que explica muito dos problemas que vemos por aí.

Não encontre clientes para seus produtos, encontre produtos para seus clientes. A frase acima é de Seth Godin, um dos grandes nomes do marketing moderno mundial. Nesse ponto Godin destaca o valor da personalização e para tanto você precisa ouvir os clientes. Criar algo que eles querem é mais poderoso e "vendedor" do que fazer só o que você quer. E sempre lembrando: você é um prestador de serviço! Se quiser se aprofundar mais sobre isso clique aqui: personalização.

O fato é que as pessoas querem algo não só com as fotos delas. Você pode ter um chaveiro incrível com foto, mas ela quer um álbum ou colocar uma fotografia pendurada na parede. Talvez ela prefira mais customização ainda. Usando ou não tecnologia. Hoje é possível inserir uma trilha sonora em uma foto e por aí vai.

Isso é frescura e dá trabalho. Isso vai custar muito e o cliente não vai querer pagar. São as frases que mais ouço hoje e nos últimos anos. Será que elas representam a verdade ou será que é o empreendedor querendo impor suas vontades e crenças na oferta? Fazer mais do mesmo ou nem criar produto parecem estar alinhados com quem acredita nisso.

Está muito claro que sem produto não há como viver de fotografia. Pois são as fotos que ficam como posse. O legado daquela pessoa para os mais variados serviços. A cobertura fotográfica e o estilo são sim importantes, mas necessitam de um meio para justificar sua existência. E é aí que entra o produto.

A nova fase de consumo já vinha antes da pandemia e vai ganhar mais força. Das pessoas querendo um item que represente o que elas acreditam e gostam. Que tenha relação com aquilo que elas acreditam. Para saber o que criar de acordo a relação e a conversa serão cruciais. A fotografia social como termo nunca fez tanto sentido. Esse fator social daqui para frente será fator de diferenciação, não no sentido de clicar eventos sociais. E sim de atuar de forma humana, nas relações sociais. Parece romântico, poético ou fora da realidade? Ok. Então siga na mesma trilha e vá para o preço e mesmice no que for oferecer. Tudo é uma questão de escolha da mesma forma que os clientes decidem quem vão contratar e o que vão comprar.

O dilema da fotografia quando o assunto é produto

Sobram desafios para quem atua no mercado. A ideia de que a foto no papel é só um item qualquer e pouco importante corrói muito do valor para quem atua na fotografia. Um fotógrafo sem um produto impresso é como o autor sem obra física. Curioso é notar que muitos seguem insistindo que é possível viver da fotografia sem a foto no papel. Aqui cabe um alerta: a fotografia impressa sem diferenciação de fato já não dá condições de sobreviver no ramo. O caminho de quem está fazendo diferente (e sobrevivendo e até se sobressaindo) é outro. Não são só fotógrafos, mas lojas e estúdios e empresas de foto de formatura que estão desenvolvendo e entregando produtos diferenciados. Cuidado nos detalhes e um toque muito pessoal para uma assinatura da marca. Coisa de artista. Aliás, os artistas sempre tiveram obras. Pintores com suas telas, escritores com livros, escultores e por aí vai. No caso da fotografia, veio o digital para complicar tudo. Não que abraçar o online seja errado, muito pelo contrário. Na verdade, é um caminho paralelo. De ter o produto físico e digital. O que está sendo chamado de versão híbrida. Querer fugir do produto impresso ou entrar na mesmice dos produtos tem vários motivos:

- De fotógrafos que acham que vão dar dinheiro para os fornecedores.
- De fotógrafos que acreditam que os clientes não querem nada no papel. Porque "eles dizem que não querem".
- Porque perde tempo e não vale a pena
- Porque está tudo na telinha ou na telona.
- Porque o papel vai sumir
- Porque fica mais caro para o cliente e ele pede desconto sem impresso

- Porque meu concorrente faz isso
- Porque aqui na minha cidade é assim

Quando imprime e não tem resultados (o que acaba levando para a lista acima por sinal) as desculpas são outras:

No quesito mais do mesmo as razões são outras:
- De fazer mais do mesmo quando imprime porque não está dando resultado mesmo
- Porque o consumidor quer assim. com aquela cara de sempre
- Porque vai ficar mais caro para mim e por consequência ao cliente
- Porque vai me dar mais trabalho e tomar tempo
- Porque não tem opção no mercado
- Porque meu concorrente também faz assim

Os itens nas duas listas poderiam continuar em listas intermináveis. Aliás, talvez você possa contribuir com suas sugestões. O fato é que a fotografia evoluiu muito na oferta de opções de personalização. A variedade de produtos disponíveis e tecnologias não deixam dúvida: dá para criar coisas únicas para entregar ao cliente. E mais: o fotógrafo ou negócio de foto pode até personalizar com toques especiais dele mesmo. Os motivos para elevar o nível e jogar um jogo distinto quanto ao produto são variados. Listei alguns:

- Você justifica o preço e dá a dimensão do valor cobrado. Na verdade, é uma questão de adicionar esse caráter valioso ao que é ofertado.

- Você ajuda as famílias naquilo que é mais importante. De ter memórias em um produto único. Que vai durar por gerações.
- Você mostra cuidado, carinho e preocupação em ser um agente de memórias. um profissional verdadeiramente especialista no assunto. E a impressão é parte integral disso
- Você indica para as pessoas a importância da foto no papel. Que ela serve para decorar, relembrar e valorizar os melhores momentos da vida. Tudo isso está ligado à emoção.
- Você foge da concorrência por preço e transfere valor na experiência.
- Você pode até cobrar menos com um produto mais simples e ainda assim oferecer algo fora do comum. Sim é possível…basta querer.

- Você coloca sua identidade e da pessoa atendida no produto. isso é personalizar e o que as pessoas estão querendo. Mas para isso você precisa colaborar com o cliente. Ouvir
- Em nenhuma versão de negócio que vai bem em qualquer segmento do ramo fotográfico existe um case que não segue por esse caminho de dar valor ao produto. Da diferenciação e de mostrar apreço ao cliente acima de tudo.

Fotógrafos em especial gostam mesmo é de fotografar. E depois ver o resultado da imagem e a reação dos clientes com o clique fantástico. Se ficar só no digital, se tornará descartável como o passar de um dedo na tela. E isso vale mesmo se a sua foto for a mais incrível do mundo. Já no produto ela persiste e embeleza o ambiente. Seja no álbum, na parede ou no porta-retrato. Quem sabe em outro produto criativo em algum ambiente diferente da casa é a sua "fotografia maravilhosa" como obra-prima daquela família.

Ao fazer tudo isso (de valorizar o produto) você sai do papel de protagonista para o propósito agente de memórias e de ajudar as pessoas com suas lembranças queridas. De ser o fotógrafo que atende famílias contando histórias em diferentes frentes sempre com um produto a altura do seu trabalho. Um contador de narrativas visuais que se preocupa com o único elemento tangível que vai sobrar de toda a experiência: a fotografia no papel. Não qualquer pedaço com imagem, mas sim de algo pensado para cada família ou pessoa. Está provado em pesquisas que a foto no papel (seja qual o produto que for) é entendida como valiosa. Gera um elo emocional e se torna um legado familiar importantíssimo. É isso, ou aceitar que aquela curtida na imagem incrível é questão de segundos até a próxima passada de dedo.

O que é um produto na fotografia?

Você é fotógrafo e tem uma câmera, um site e redes sociais. Você tem seu estilo e investiu em cursos de técnicas e quer sempre ter a foto mais bonita. Tudo maravilhoso só que na hora de fechar com o cliente ele questiona "se ficaria mais barato" sem álbum ou qualquer produto impresso?". E você fecha com um descontão e ele fica feliz. Você criou fotografias incríveis para essa pessoa. Depois de terminar enviou o link com as imagens ou deu um pendrive personalizado. Meses depois essa pessoa nem acessou as fotos. Ou acessou logo de cara e compartilhou com amigos e parentes por e-mail ou no WhatsApp. Gerou muitas curtidas e compartilhamentos. Um tempo depois tudo está esquecido. Ou pior, voltamos a possibilidade dessas fotografias ficarem esquecidas no pendrive ou na nuvem. Agora imaginemos outra situação. O cliente contratou o serviço e ao fim recebeu um álbum e uma foto na parede. Nas reuniões de família aquele álbum ficou a olhos vistos na mesa da sala e sempre é lembrado nos encontros. A peça mais valiosa das memórias daquele aniversário, casamento e por aí vai. A imagem decorando a parede com o seu clique é lembrança diária de um bom momento da vida. E você sempre será lembrado nessa rotina de tocar álbum e passar pela foto decorando o ambiente. Pensando nesses dois cenários de possibilidades vem minha pergunta:

Quem cobrou mais do cliente? o que deu as fotos digitais sem mais nada ou quem entregou produtos impressos?

Quem será mais lembrado? Quem será mais indicado e passará mais confiança?

As desculpas vimos acima por parte dos profissionais e muitas vezes indicando o cliente como culpado. "ele não quer pagar" ou que pede descontinhos e que seu fornecedor está muito caro ou que na sua cidade não funciona. Para todas essas e outras desculpinhas esfarrapadas existe uma alternativa. Fornecedor: nunca tivemos tantas opções e elas atendem o Brasil todo e fazem tudo online com custo cada vez mais competitivo. Na sua cidade não funciona ou não tem ninguém fazendo é na verdade uma belíssima oportunidade de criar algo que ninguém fez ainda. E como bem sabemos (ou deveríamos saber) o que é único e escasso vale mais. O cliente não quer pagar porque desconhece ou por não ter notado valor. Você tem que mostrar e dar os argumentos que levam a conversão. No fim ele vai te agradecer por ter memórias valiosas que vão durar por gerações.

Produto não é serviço. Na fotografia é aquele elemento tangível que pode ser tocado e que valoriza e personifica o serviço fotográfico. O produto é parte do composto do marketing. E marketing existe faz 60 anos e é aplicado pelas principais marcas do mundo. Dentro e fora da fotografia existe marketing. Sem produto não tem marketing. E sabe por quê? porque marketing é sobre atrair e manter clientes. E não ter algo físico para entregar tira o poder de encantar os clientes. Se está difícil entender o que torna o produto relevante é só lembrar o seguinte: tudo o que é digital tende ao menor valor. Os filmes e séries estão cada vez mais baratos nesse ambiente.

O importante em entender é que produto na fotografia é questão de responsabilidade. De entregar um legado em memórias que vai ficar por décadas. E se vamos criar um produto que seja o melhor possível para que as pessoas tenham algo especial.

O produto no marketing moderno virou colaboração. As pessoas querem colaborar com seu negócio. Como você pode criar algo em que elas participam com esse produto? Um álbum que pode ter desenhos feitos pelas próprias pessoas é um exemplo de produto colaborativo. Uma fotografia instantânea tipo Polaroid com uma mensagem escrita de um amigo para outro também. Para colaborar com seus clientes você tem que ouvir. Eu trago essa visão inicial do que é produto e da colaboração por uma razão simples: produto com a cara do cliente é tudo o que eles querem. Eu sinto em dizer que só a sua fotografia não é personalização suficiente. Ele quer algo com as características dele. Ele quer com o acabamento ou histórias diferentes de uma forma que possa usar tecnologia e ao mesmo tempo ser impresso.

A IMPORTÂNCIA DE UM PRODUTO ÚNICO NA FOTOGRAFIA

Vender é importante, mas sem ter o que oferecer (e sem diferenciação) o marketing se torna capenga. Os negócios de foto que estão sobrevivendo na pandemia já entenderam isso

Ter um negócio de fotografia pressupõe ter algo a entregar. Uma confusão frequente é dos fotógrafos que acreditam que o serviço já é o bastante. Aqui um *spoiler:* não é o suficiente. Aliás, se fosse não teríamos tantos problemas no mercado em questões de preço e mesmice. Por sinal é essa mesmice que prejudica muitos negócios de foto. Mais do mesmo conectado com uma certa preguiça. *Se o colega oferecer um álbum vou fazer o mesmo* é uma mentalidade bem comum no mercado. Vale para loja de fotos, fotógrafo e assim por diante. Como proceder? Quando a FHOX e a Escola de Negócios FHOX destacam a importância do marketing, o produto é parte central disso. Os motivos são variados e todos relevantes. Entenda:

- É o produto que justifica o valor cobrado. Sua "arte" ou serviço podem ser incríveis, mas é tangível no que é entregue fisicamente. Um clássico do marketing que não mudou. Pelo contrário, na pandemia está mais evidente.

- Foto é memória e o que está no papel cria um sentimento de pertencimento. De posse e de valor no toque. São minhas emoções na ponta do dedo.
- O produto impresso é marketing de encantamento. A pessoa toca, comenta e indica.
- A fotografia impressa gera uma experiência a começar pela embalagem, os cheiros. Talvez tenha recursos tecnológicos (multimídia com realidade aumentada) e isso torna tudo ainda mais impactante.
- É personalizado com a cara da pessoa. É a foto do filho, do casal, do bebê, do aniversário e assim vai.

É aquela que ficará na parede ou no porta-retrato ou no álbum. Mas é único porque é a minha foto.

- É colaborativo se o negócio ouvir o cliente e criar com relação a história da pessoa. Um item combinado com um elemento daquela narrativa. É o que vemos em álbuns personalizados com tecidos de um evento ou algo marcante para o cliente.

- Único mesmo. Hoje o fotógrafo ou empreendedor de foto pode criar algo realmente único e personalizado. Exemplos não faltam e é claro que dá mais trabalho. O que é mais valioso deve ter um valor maior.

Esses são alguns dos elementos do gerenciamento do produto para oferecer para as pessoas. Sua fotografia ou serviço pode ser incrível, uma obra de arte. Mas sem algo físico será só um arquivo na nuvem. Pixels sem valor que são deslizados em uma tela rapidamente.

Todos os grandes nomes da fotografia, as grandes marcas que você aprecia oferecem um produto na fotografia. Quase sempre é assim (com raras exceções). Existem pesquisas que comprovam a força do produto. E o marketing é isso. Na fotografia não é diferente. Não existe marketing bom de produto ruim.

O impacto da pandemia. Em quatro meses de Covid-19 foi o produto que ajudou negócios de foto a pagarem as contas. Físicos, impressos e cheios de emoção em um momento de isolamento. Quem disser que as pessoas não querem pagar ou que fotografia não é essencial tem razão se acreditarem nisso. Da mesma forma, as famílias nunca estiveram tão juntas e os momentos juntos nunca foram tão valiosos. A memória afetiva de um momento delicado mostra claramente que a fotografia pode ser essencial sim desde que você ofereça algo incrível. Um produto diferente com foto é a melhor forma de fazer marketing. E curiosamente puxa tudo no marketing. Puxa a divulgação, a presença online, gera conteúdo e ajuda a mostrar o valor que você quer cobrar. Vender é bom e necessário, mas sem ter o que vender (ou empurrar mais do mesmo) é a receita perfeita da inconsistência de um marketing que no fim das contas não vai ajudar seu negócio de fotografia.

Pesquisa Harvard

CONSUMIDORES NÃO PERCEBEM VALOR NAQUILO QUE É DIGITAL

Estudo da Harvard Business Reviews indica o óbvio, mas que muitas vezes é esquecido por quem atua no mercado

Uma análise do fim de 2017 feita pela <u>Harvard Business Review</u> dá o veredicto: consumidores não vão pagar muito por aquilo que é digital. Isso é algo que quem atua no mercado fotográfico já deve saber muito bem. O estudo da respeitada instituição explica com o exemplo de fotografias. Isso, mesmo com as vantagens daquilo que é digital. A liberdade de ver onde quiser, de poder compartilhar e de ver em telas pequenas e grandes.

O fato é que o estudo indica que embora tenha suas vantagens, o consumidor entende que o que é digital não dá direito de posse. Que pode ser perdido a qualquer momento. Se está na nuvem, pode não estar em lugar nenhum. O que o artigo mostra é que as pessoas, cientes desse quadro efêmero, pagarão mais se tiverem posse e daquilo que pode ser tocado. O estudo diz que esse comportamento é intrigante. Ou como a própria matéria apresentando o estudo diz:

A vida moderna foi transformada pela digitalização generalizada de muitos bens de consumo, de livros, revistas, jornais, música, filmes, bilhetes de avião e calculadoras. Fotografias digitais, comercializadas pela primeira vez em 1990, agora são tiradas com mais frequência do que fotografias impressas. No entanto, apesar das muitas características vantajosas dos bens digitais, os bens físicos parecem ter maior fascínio. Livros impressos ainda são o formato dominante, as vendas de Blu-ray e DVD continuam a crescer, assim como a demanda por impressões físicas de fotografias digitais que as pessoas já possuem.

Essa última parte é ponto reconhecido por quem atua no mercado fotográfico. Em um episódio do FHOXCast (Escola de Negócios FHOX) abordei o tema com o exemplo do fotógrafo Fernando Dai Prá que produz álbuns durante a festa. São álbuns que funcionam como experiências completas que exemplificam muito bem os 4 Ps do marketing. Primeiro assista ao vídeo dele:

– Produto: impresso na hora com impressora de eventos e álbum que aceita fotos coladas em 10 por 15. É a materialização que o estudo da Harvard Business Review indica. E está conectada com preço.

– Preço: como encanta e gera gratificação instantânea envolve valor imediato. A surpresa de ter um álbum na hora na festa em que os convidados nem esperavam por isso. Noivos, pais e padrinhos podem levar uma lembrança impressa na hora. E isso está conectado com promoção.

Promoção: Já na festa eles comentam de álbuns que receberam na hora. Quem é esse fotógrafo que cuida bem em surpreender os clientes assim? E no contato posterior com esses álbuns (e com o álbum principal) eles vão se sentir muito confortáveis em indicar o Fernando para outros clientes e amigos. Indicação é gerada com cliente satisfeito. Aqui no caso encantado e satisfeito. E isso está conectado com o ponto (distribuição).

Ponto: presença é onde você está. Você pode ter estúdio ou não. Mas sempre estará presente em um evento ou local das fotos. A distribuição que envolve o P de ponto aqui é coberta com uma experiência. O consumidor normalmente busca um fotógrafo para clicar e não receber fotos (ou álbum) na hora. O que Fernando (e outros fotógrafos que vendem esse serviço) consegue é encantar e vender uma experiência já aproveitando que está presente no evento. E esse ponto e todos os outros traz a entrega completa da experiência.

Esse exemplo deixa claro que a experiência completa que envolve o digital só se torna realmente impactante com a entrega do físico. Aliás, é por isso que as foto cabines e a fotografia em eventos estavam bombando no Brasil e lá fora (até a pandemia chegar).

A pesquisa do Harvard Business Review traz outro exemplo concreto. Consumidores (turistas) de Boston fizeram o teste de fotografar em um estúdio e de levar uma foto digital ou uma foto instantânea (Polaroid ou Instax). As pessoas tinham que escolher o valor a doar em relação às duas experiências. Aqueles que levaram a foto digital doaram menos. Os que receberam a foto impressa doaram 48% a mais. A pesquisa da HBR mostra que isso vale não só para fotos, mas também para livros. E isso me fez lembrar de novo da importância dos álbuns.

O resumo do estudo deixa algo claro: bens digitais não geram o mesmo sentimento de propriedade do que aquilo que podemos tocar, levar para casa. Aquilo que não pode ser tocado gera dificuldade de entender o senso de propriedade. Eles não parecem que são nossos. Enfim, a análise completa e detalhada mostra ainda que a indústria está tentando criar métodos de valorização daquilo que é digital. Como sensações em toques de telas e estratégias para valorizar o que é digital com interfaces que simulam o real. O desafio nesse caso é grande. Pois o que é real e pode ser tocado tem seu valor. Ainda mais em tempos em que tudo é tão digital. Com tanta gente viciada em telinhas, apps e redes sociais o que é impresso e pode ser tocado ficou mais valioso.

O que a Polaroid pode nos ensinar?

A lendária marca da fotografia revolucionou o setor décadas atrás com fotos instantâneas. Mas o apelo e o encanto vão muito além das fotografias saindo na hora

A Força do Legado – Edwin Land em um documentário da década de 1970 tirou o que parece uma câmera futurista do bolso (parecendo um smartphone). Ele disse: um dia vamos usar ele para tudo, para todos os momentos da nossa vida e para fotografar. Ele falava do futuro da fotografia antecipando a era dos smartphones. Visionário, Land não só criou a fotografia instantânea (culpa da filha que perguntou o motivo das fotos não saírem na hora). Com 500 patentes criadas por ele, Land fez mais do que uma câmera. Ele deixou um legado fotográfico para o mundo da inovação e dos negócios. Li dois livros sobre a história da empresa e ambos são fascinantes. O mais recente é Instant: The Story of

Polaroid Nele a autora traça um paralelo dele com Steve Jobs (do qual foi mentor).

Aliás, para o autor do livro, a Polaroid era como a Apple naquele tempo. O auge da marca foi nos anos 1970, mas ela cresceu com a evolução da fotografia entre as famílias. Naquele tempo ele não tinha concorrência e até chegou a ter competição com a Kodak (que antes colaborou para depois criar sua própria versão). A disputa foi parar na justiça e a Kodak não teve muito sucesso com esse segmento. Diferente da Fujifilm que a partir de 1998 criou a Instax e hoje é um fenômeno de vendas no mundo todo.

O produto é o marketing – na visão de Land o marketing era o produto bem feito. A inovação da experiência. Mais do que isso, ele tornava a câmera uma experiência de ver a foto revelada na hora em até um minuto. A espera, a gratificação quase imediatas, o registro único em uma única foto tirada na hora. A revolução da invenção dele é considerada a referência para as redes sociais. Já que as pessoas compartilhavam as fotos impressas com recados escritos à mão. Algo que tornava o produto ainda mais único, personalizado. O apelo da Polaroid era no design e muito. As câmeras eram belas, rebuscadas e geram curiosidade. Você queria tocar, mexer, experimentar e ter no fim das contas a foto impressa como prêmio em questão de minutos. Em determinado momento Land notou que só o produto não era o bastante. Que ele pode levar a indicação, o famoso boca a boca. Mas que para tanto é preciso reforçar o marketing. A necessidade de atrair e manter clientes. Lembrando que atrair era fácil, pois a câmera era única e proporcionando uma experiência. E reter também: já que a pessoa tinha que comprar filme. O problema é que a Kodak era um competidor forte no marketing e disputava com a Polaroid para vender para as famílias. As duas marcas tinham campanhas geniais. Mas aqui vamos falar da Polaroid. A começar por um clássico.

Produto bom – A SX70 é um clássico. Uma câmera com design chamativo até hoje. Na campanha de marketing usaram ninguém menos do que Sir Laurence Olivier (um dos grandes atores de todos os tempos). O anúncio não parecia propaganda. Valorizava o momento, a vivência e o ato de explorar a fotografia. Land continuou inovando nos equipamentos lançando modelos sensacionais e com recursos que até hoje chamam a atenção. No fim, ele fez valer a máxima de Steve Jobs. Não tem marketing bom de produto ruim. Aliás, a publicidade da Polaroid, no auge da sua história de vendas e faturamento, era sensacional. Veja os exemplos. A lição aqui: embora Land estivesse certo. Produto é um marketing valioso, mas temos que divulgar para vender.

Marketing para corrigir erros – A Polaroid expandiu operações no mundo todo. Uma das campanhas que mais chamou a atenção foi a que <u>envolveu um escândalo na África do Sul.</u> o distribuidor local vendia câmeras para identificação pessoal para os negros daquele país. Naquele tempo causou polêmica a Polaroid servir ao governo sul-africano com seu serviço e equipamento de identificação para gerar as cadernetas (pass laws) que eram obrigatórias para a população negra circular no país. Uma regra do apartheid. pegou muito mal para a marca e Land formou uma comissão com 7 homens brancos e 7 homens negros para resolver o problema.

A empresa era progressista e a Polaroid fez um anúncio lendário: "O que a Polaroid está fazendo na África do Sul?". O assunto é debatido até hoje e envolve um tema que voltou com força em 2020. Ou seja, a Polaroid usava o marketing para mudar comportamentos, reconhecer erros e mostrar o valor da fotografia na vida das pessoas.

Embaixadores de verdade – A marca fez outras coisas incríveis como patrocinar Ansel Adams que não só testou como era uma espécie de embaixador da Polaroid naquele tempo. Simplesmente um dos maiores fotógrafos de todos os tempos. De novo, o foco era no que o produto podia fazer. Andy Warhol e tantos outros artistas famosos seguiram pelo mesmo caminho. Land foi feliz em usar o poder dos artistas dando liberdade para que eles criassem com o produto.

Derrapando na essência – Em determinado ponto a empresa perdeu a mão. As câmeras começaram a ser tematizadas e se tornaram mais brinquedos do que sobre a experiência de fotografar e da diversão da foto instantânea. A marca faliu duas vezes nos anos 2000 e depois foi comprada. Agora vai bem como produto de nicho e cresce justamente por apostar na essência que fez sucesso nos anos 1960/1970. O que podemos tirar de lição desse caso não é simples, mas é poderoso: o produto é o mais importante para boa parte dos negócios de fotografia. Você precisa entregar algo. Você precisa que o produto gere algum tipo de experiência. Você precisa que ele seja único e que represente a sua identidade e o que você acredita. No caso da Polaroid ela escorregou na perda de foco e do cuidado com os detalhes. Aquelas câmeras marcantes e com design exclusivo se tornaram máquinas banais feitas de plástico e sem nenhum esmero. A lição aqui: não esqueça do seu propósito. Se você não sabe o motivo de fazer o que você faz, vai ficar difícil. No caso da Polaroid isso ocorreu 50 anos depois do surgimento da marca no fim dos anos 1990. Só nos últimos anos e sob novo comando é que a empresa parece ter se reencontrado. Justamente naquilo que fez ela ter sucesso.

E o mais importante: um produto que traga recorrência. Como fazer o cliente voltar a comprar. No caso da Polaroid: comprou a câmera precisa de filme. Guardadas as devidas diferenças hoje dá para pensarmos em estratégias similares com nossas fotos. E a parte mais engenhosa: a Polaroid tem um produto que gera um subproduto. Uma câmera instantânea que imprime a foto na hora. Fotografia única que todo mundo até hoje fica encantado de ver por saber se tratar de uma imagem única e no papel.

Resumindo:

- O produto é colaborativo. Com a Polaroid as pessoas criam suas fotos na hora das formas mais diferenciadas. É uma experiência colaborativa e única.
- Preço é recorrência. As pessoas compram a câmera e precisam do filme. Se a experiência é divertida e me atrai, então vou comprar de novo para gerar novas fotos únicas.

- Promoção é conversa. A empresa criou campanhas que iam além da venda ou só da divulgação. Elas enfatizavam a experiência. Ou de figuras famosas usando o equipamento que de fato era (e é) divertido.
- Ponto é presença: hoje a Polaroid está no marketplace mais usado. Internet, redes sociais. Tudo para venda online. Antes ela tinha papel consistente de divulgação, ações participativas e presença em quase todo o mundo, inclusive aqui no Brasil. Você tem que estar onde o cliente está. Naquele tempo presencialmente, hoje virtualmente.

A IMPORTÂNCIA DO PROPÓSITO EM UM PRODUTO DIFERENCIADO (E MULTIMÍDIA)

A fotógrafa do Rio de Janeiro Fabi Medina criou um produto envolvente para o dia das mães. Um porta-retrato com a foto impressa e um vídeo via QR Code para enviar uma mensagem mais completa para cada uma das mães

Na bio da conta do Instagram da fotógrafa Fabi Medina está escrito: "contando histórias". Algo que se torna muito real e completo em uma oferta recente criada por ela para o último "Dia das Mães". Fabi contou para a FHOX em detalhes sobre o que inspirou essa ideia: Minha inspiração veio durante o isolamento social, entre uma e outra atividade para entreter meu filho de 4 anos. Comecei a pensar no que poderia fazer para presentear minha mãe e sogra no dia das Mães. Teria que ser algo especial, já que esse ano não poderia encontrá-las. Queria que fosse algo mais do que uma vídeo chamada – já que estamos fazendo isso quase diariamente – e que fosse palpável e acessível para elas reverem no momento que batesse aquela saudade.

Personalização – Foi assim que tive a ideia de produzir um porta retrato com a foto da família, junto a uma mensagem gravada pelos filhos/netos nos próprios celulares. Mães e avós adoram receber fotos, mas, nesse caso, a cereja do bolo estava na mensagem surpresa indexada ao QR CODE que ficava com adesivo no verso do porta-retrato. Percebi a oportunidade e ofereci o produto/experiência para algumas das minhas clientes. Elas AMARAM a ideia e logo comecei a receber as encomendas (UHU!). A partir daí, preparei um presente personalizado para cada uma delas. No Dia das Mães, além do carinho do meu filho, me senti SUPER feliz por aproximar as famílias, mesmo que remotamente, nesse momento tão difícil. O produto já está incorporado ao meu portfólio, inclusive com encomendas para Dia dos Namorados e dos pais.

Multimídia – Ela relatou ainda sobre a experiência multimídia de incluir os vídeos com a tecnologia QR

Code: Uma reflexão que fiz com essa experiência, foi que os vídeos dos filhos foram de extrema importância, pois estavam repletos de sentimentos que não costumam ser dito no dia a dia. Mesmo em momentos especiais como a comemoração do dia das mães, tenho certeza de que os filhos iriam fazer questão de visitar suas mães, porém não falariam nem metade do que disseram nos vídeos. Por isso tenho certeza de que a experiência (presente) fez a diferença na vida das famílias (um dos meus propósitos com a fotografia).

Propósito – Outra reflexão, foi que esse "produto" foi fruto do que eu tenho como propósito de vida e eu não vinha explicitando isso em meu trabalho com a fotografia. Essa "teoria" sobre fotografia com propósito foi despertada em mim, em uma aula da FHOX com Leo

Saldanha (na turma do Seminário Marketing 4.0 em parceria com a Escola Brownie 41). Desde que meu filho nasceu, eu criei um projeto chamado Vida + Sentido, que busca justamente exercitar os propósitos e sentidos da vida (baseado na empatia, solidariedade e em fazer a diferença).

Nota do editor: é sempre bacana ver esse tipo de iniciativa que mistura tecnologia e impressão. Mais do que isso é notar que Fabi não deixou esse aspecto tecnológico tomar conta do protagonismo do produto. Ou seja, o propósito dela foi encaixar na oferta de um produto que envolve emoção, e assim fez sentido para clientes que acreditam no mesmo que ela e veem esse valor. E sim, ela conseguiu fazer a diferença para muitas mães em tempos de isolamento e de ficar em casa.

Produto na fotografia: criando com os clientes respeitando sua essência

Mais do que criar pensando para as pessoas a forma mais efetiva de desenvolver o produto é a criação dos produtos em colaboração com os clientes

No desenvolvimento de um produto diferenciado na fotografia existem dois pontos muito importantes. Coisa que se confirmou nas turmas do Foto+Produto nos últimos meses.

É fundamental entender seu porquê

É fundamental criar para (e com) os clientes

Vi isso na prática e os produtos que se destacam e vão bem na fotografia passaram por isso. Para tanto você tem que responder à pergunta: por que você faz o que faz? qual o motivo do seu negócio existir (além de faturar). Respondendo isso podemos ir para próxima etapa que é criar para seus clientes e com eles. As participantes das turmas do Foto+Produto tinham bem definido o motivo da existência de seus negócios de fotografia. Isso é peça-chave pois só assim você consegue orientar o produto e seus esforços de marketing de forma correta, consistente e efetiva. Se você entende que sua missão como negócio é tornar a vida das pessoas mais divertidas com fotografia, faz sentido criar uma comunicação sem graça? E a experiência atrelada ao serviço é divertida de fato. Aliás, você é divertido e se diverte com seu negócio? Parece bobo, mas faz muita diferença. Aqui espero que fique claro o óbvio: viver da fotografia e eternizar momentos não são propósitos, mas sim consequências. Quem sabe melhor do que você qual a razão de fazer o que faz? então pare e responda isso da forma mais sincera possível.

Feito isso é que vamos para a segunda parte. Criar para as pessoas. Como vou criar para elas se não sei o que elas querem? Dá sim para fazer com base na intuição, só que é sempre arriscado. Além do que quando você se apresenta para as pessoas perguntando o que elas querem já é uma forma de mostrar interesse. Trata-se de um marketing humano, de cuidado e empatia real.

A frase famosa de que as pessoas não sabem o que querem é meio verdadeira.

As pessoas não sabem o que querem, mas certamente sabem do que não gostam. Elas podem descobrir com a sua ajuda. Você não precisa de uma resposta ou respostas certeiras. O que é mais valioso nesse caso é entender o contexto e reunir as informações desse gosto do cliente. Compreender e estudar seu consumo. Nada melhor do que conversar com eles para saber disso. Esse papo pode ser informal e pode envolver pesquisa e estudos via redes sociais.

Sobre ajustes e reflexão. Vamos voltar para a primeira fase? Você define seu propósito na fotografia. Só perceba que ele pode mudar de tempos em tempos. Logo vale a pena rever periodicamente as condições em que você está. O que quero dizer: será que continuo gostando das coisas do jeito que estão? As marcas fazem isso e os grandes nomes de qualquer setor também. Mudam estilos e começam novos movimentos. Faça o mesmo pois mudamos com frequência. Ou a situação muda a gente (maldita pandemia).

Esse colaborar do produto não é só sobre criar para a pessoa. Pois deve envolver o próprio item colaborativo. Vários produtos famosos são assim. Polaroid não deixa de ser um ato de colaboração. A pessoa é fotografada na hora, vê o resultado e personaliza a fotografia e passa para alguém de presente. O indivíduo participa do produto. GoPro, DJI, YouTube e por aí vai. Tantas formas possíveis de colaborar. Mas e quando o assunto é foto no papel? Nesse ponto é ainda melhor. Um álbum que o consumidor personaliza, participa, colabora de alguma maneira. Um vídeo atrelado com realidade aumentada é colaborativo. Um adesivo colado ali. Um texto escrito à mão da mesma forma. Essa colaboração do cliente ocorre antes, durante e depois.

Antes ele te dá os inputs. As informações para que eu possa criar o item com a cara dele. E nesse momento ele já vai indicar como participar. "Eu curto escrever, eu curto desenhar, eu curto selfies..." e por aí vai.

Durante é a própria ação da pessoa interagindo com o produto. E desse ponto você tira informações valiosas também. Como ele reagiu e como foi a colaboração?

O depois é o depoimento e mais. É a postagem que ele fez nas redes sociais para mostrar sua obra (porque ele participou junto). É a tal da indicação dele para amigos e parentes. Essa parte é a mais saborosa e gratificante. Pois se tudo der certo ele vai vender seu produto para você. Já que no fim, ele criou junto.

Os que não fazem isso perdem oportunidades. Um produto na fotografia sem colaboração é capenga e ficará sem o mesmo valor. Dá mais trabalho, claro. E por isso mesmo adiciona valor. Criar mais conexões, participação, personificação e posse. O consumidor se sente parte do resultado. A combinação de colaboração e personalização é perfeita para casar com recorrência. Dessa mesma pessoa querer fazer de novo e comprar naturalmente pois relembra do processo e está feliz com tudo o que passou. Preço está ligado ao produto que está conectado com a recorrência. De não precisarmos vender de novo. E tem gente fazendo isso na fotografia.

O DESAFIO DO PRODUTO E O MODELO DE NEGÓCIO EM UM MERCADO DE "MAIS DO MESMO"

Na fotografia e em outros negócios a vantagem competitiva praticamente não existe. Gerar valor e trabalhar com um modelo de negócio diferenciado pede ajustes

Kevin Kelly é editor da revista Wired e uma figura respeitada no mundo da tecnologia e inovação. Um artigo publicado por ele no passado segue atual Better than Free (melhor que grátis) aborda como adicionar valor em um momento em que toda informação está disponível grátis e as barreiras de entrada não existem.

O privilégio do imediato: descrito por ele como imediação. É aquela vantagem no produto que é ofertada para um grupo exclusivo. Uma pré-venda por exemplo, uma série limitada. A possibilidade de conhecer ou passar por uma experiência antes de todo mundo. Como seu negócio de foto pode fazer isso com um produto?

Personalização: ter a cara do cliente dá outra dimensão para o produto e pode estar conectado com o serviço. Personalizar não só o produto, mas todas as outras etapas. Do atendimento até um pós-venda encantador. Imagine enviar uma cartinha escrita de próprio punho para agradecer ao cliente pela sessão na entrega do álbum.

Autêntico: mostrar que aquele produto é único e tem garantias. Seja pela visão dos clientes ou por conter um seguro. Fotógrafos de fora do Brasil que trabalham de forma sofisticada oferecem até seguro do álbum com direito a certificado. A autenticidade do produto pode ser no material (que vai durar muito mais) até a experiência do fotógrafo atrelado ao que foi entregue. Dizer e mostrar como o produto é único não é fácil, mas certamente vai diferenciar do "mais do mesmo".

Materialização: Kelly mostra que é importante ter algo físico. Que sem corpo, perde valor. Queremos algo tangível para entender e perceber o valor. Daí a importância do produto físico.

Benefícios e Recorrência: o que ele chama de patronagem é o foco do que Kelly diz. De poder mostrar os benefícios para o cliente. Os clientes estão dispostos a pagar se for justo, fácil e se eles entenderem que aquilo vai ajudar o criador do negócio. Aqui cabe encaixar a ideia da personalidade do negócio e da autenticidade para passar essa imagem de valor justo. Como fazer com que eles retornem e queiram consumir mais vezes é o papel da recorrência.

Encontrabilidade: é o que ele chama da importância de ser visto, lembrado e fácil de encontrar. Esse é o desafio que enfrentamos com a quantidade de concorrentes não só da fotografia, mas do ruído de tanta coisa para ver, comprar e se divertir. Quais as plataformas e canais de marketplace que podem ajudar seu negócio a aparecer melhor e para as pessoas certas?

De nada adianta olhar para os pontos acima sem trabalhar o marketing. Uma das formas abordadas por muitas startups e que também é assunto do livro

Organizações Exponenciais (assim como o exemplo de Kelly acima) merece destaque aqui:

Dave McClure criou o acrônimo AARRR (Aquisição, Ativação, Retenção, Receita e Recomendação). Todas muito úteis para um alinhamento inicial na estratégia do produto ou serviço e que serve de métrica para startups e que pode muito bem servir para qualquer outro negócio.

Aquisição: Como as pessoas vão encontrar meu negócio?

Ativação: As pessoas têm uma experiência inicial ótima?

Retenção: Elas retornam?

Receita: Como você fatura?

Recomendação: As pessoas recomendam seu negócio?

Como você pode notar, todos os itens listados acima não trazem respostas porque elas devem ser respondidas caso a caso. Cada fotógrafo ou negócio de foto precisa encontrar as próprias dinâmicas que são muito particulares para cada empreendedor.

VOCÊ TEM UM PRODUTO ÚNICO?

A resposta não é simples e envolve desafios, mas diversos casos mostram as vantagens da busca constante pela diferenciação real. E sim, na fotografia ela é possível

O fato é que a força de um produto único é real. Foge do preço baixo e destaca a marca acima dos competidores. Anne Geddes criou todo um estilo fotográfico quando lançou séries de bebês em vasos de flores. Não só fez sucesso como uma fotografia de estilo único, mas também virou calendário, livro, exposições. A personificação do produto físico é fundamental nesse processo. O Snapchat criou o Stories e por um tempo ficou sozinho como rede social que oferecia postagens efêmeras que sumiram depois de um tempo. O Instagram foi lá e copiou e agora nessa última semana o Twitter anunciou uma função semelhante. Ou seja, o produto único dura um tempo até alguém copiar. Então fica aqui o alerta. O estresse de inovar sempre é uma dinâmica necessária para quem quer ser diferente. Para quem quer cobrar mais. Algo que deveria se tornar um esporte, um hábito de tentar criar produtos únicos sempre que possível.

Produto único vale para o estilo de uma fotografia. Vale para o serviço envolvido. Vale para o álbum e a foto impressa. Existem inúmeros exemplos de empresas com produtos únicos por aí no mercado.

– Phosfato criou um clube de assinatura de impressão. Mais do que o serviço, o envelope que chega na casa dos assinantes é diferenciado. A empresa criou álbuns únicos que ninguém vai encontrar em outros lugares. Isso é exclusividade.

– A Digipix criou um produto que é associado à marca. O fotolivro é reconhecido como algo que a marca lançou no Brasil. Um termo que virou sinônimo de Digipix. E que até hoje segue ligado à força da marca.

– A Adobe criou uma plataforma completa e investiu tanto em tecnologia (e segue investindo) que o produto único dela é imbatível. O Photoshop, Lightroom e afins estão dentro da plataforma e os recursos e funções diferenciadas não pararam de evoluir. Dificilmente um fotógrafo vai conseguir trabalhar e viver da fotografia sem a Adobe.

– A DJI virou sinônimo de drones, domina o mercado com forte investimento em drones inteligentes e repletos de funções sofisticadas de foto e vídeo. O produto é único pela confiabilidade e tecnologia superior que a marca oferece aos clientes.

– Fernanda Bozza é fotógrafa de família em São Paulo. Ela tem uma assinatura visual marcante e criou um produto único na entrega das fotos. Algo que passa pela experiência de um estúdio que simula um apartamento de forma surpreendente. O caso de Fernanda tem relação direta com ouvir os clientes. De criar algo que elas esperam e encaixar com o estilo de assinatura que ela se propõe a fazer. Uma aula de negócios que mostra que dá para combinar marketing e arte de uma forma estimulante.

Todos os exemplos estimulantes de marcas e profissionais que adicionam valor com enfoque no diferente. Enquanto isso, muitos fotógrafos e negócios de fotografia fazem mais do mesmo. Muitas vezes nem tem um produto físico. Aí a coisa descamba no precinho.

Anos atrás John Michael Cooper (fotógrafo de Las Vegas) pensou em um produto único em termos de fotografia. Um ensaio que colocava fogo no vestido das noivas. Aquilo foi batizado de Trash The Dress e foi copiado no mundo todo. Cooper ficou revoltado e largou esse estilo para criar coisas absolutamente distintas na fotografia. Até hoje é identificado com o Trash The Dress (assim como Anne Geddes ficou atrelada ao newborn), mas ele foi além e se reinventou em busca de outros estilos fotográficos. O desafio do produto único é que ele te posiciona como referência de algo e ao mesmo tempo pode te fazer refém de um sucesso que uma hora pode passar. O que as marcas e exemplos acima têm em comum é que todas lançaram outros serviços e produtos sempre em busca de se diferenciarem. Isso é uma necessidade pois todo produto tem um ciclo de vida e os concorrentes estão sempre à espreita. No fim fica o desafio e a escolha: criar produto único e ter que recriar algo com certa frequência? ou cair na briga do mais do mesmo que vai para preço? A decisão é sua.

BABY YODA E A IMPORTÂNCIA DO PRODUTO

O case sobre o personagem da série da Disney+ oferece uma aula sobre estratégia de produto em tempos de "tudo muito virtual"

A série The Mandalorian foi um grande sucesso de 2019/2020. Lançada com exclusividade para o serviço de streaming Disney+, quem roubou a cena foi o Baby Yoda (que na série é chamado de "A criança"). Muitos criticaram a produção por investir em um personagem analógico. "por que não criaram ele em computação gráfica?" e com todos os recursos disponíveis em termos de tecnologia de fato é uma sugestão válida. Pior se eu te disser que parece que bonequinho animatrônico (fofo) custou 5 milhões de dólares para ser feito? uma quantia insana para um boneco menor que um cachorro e que nem aparecia em todas as cenas. Melhor lembrarmos que estamos falando da Disney, uma gigante de entretenimento que fatura com filmes, séries, parques e muito mais. Os executivos e a turma criativa envolvida no projeto pensaram muito no futuro. Na verdade, foi uma grande jogada de marketing. Entenda.

- Baby Yoda analógico dá um toque de realidade para a série e fora dela. Gera interesse até por isso. E sem dúvida com um grande atrativo na forma de uma pergunta: "E se a gente lançar esse mesmo personagem como brinquedo?".

- Uma matéria recente mostrou que o Baby Yoda foi o item mais vendido entre os brinquedos disponíveis na maior marca de varejo do mundo. Na Amazon "The Child" da Funko Pop (aqueles colecionáveis cabeçudos) ficou na frente de outros produtos consagrados. Esgotou mesmo em pré-venda quando foi anunciado perto do Natal.

O que isso tem a ver com a fotografia? tudo. No mercado a nova regra vigente é de profissionais vendendo só arquivos digitais (porque é mais fácil, porque o cliente pediu e porque a concorrência faz o mesmo como algumas das desculpas mais comuns). Logo a má notícia é natural: se você acha que os preços praticados no mercado estão impraticáveis...então prepare-se pois vai piorar. A tendência nesse estilo é nem querer saber de Baby Yoda físico ou virtual. A regra nessa postura é só fotografar e se livrar logo do problema (cliente) para já pegar o próximo trabalho. Tem futuro um profissional assim? só se for na base do baratinho mesmo.

Não, você não tem que criar um bebê Yoda para vender junto com suas fotos impressas e álbuns (porque se você fizer isso pode até vender, mas vai ter problemas com a Disney). O que é importante destacar no case da Disney é a importância do produto. A marca já anunciou uma nova versão em pelúcia que vai custar mais de 300 dólares. A Disney bem que poderia ter algo 100% digital nas telas. O que eles preferiram foi criar algo caro, sofisticado e que fosse real para criar o senso de autenticidade sobre o personagem. Uau, esse bebê é uma graça imagine ter um aqui em casa. E ele é de verdade. Isso tem a ver com propósito. O time disse vamos fazer.

Equipe que envolveu marketing, artistas, designers, roteirista. Tudo integrado. É um grande ensinamento que para mim faz muito sentido. De colocar o produto em primeiro lugar.

Pensar do produto para fora é uma estratégia fascinante. Você pode até pensar em vender, mas se não existe produto (físico) a coisa fica capenga. A obra impressa é a personificação do trabalho do fotógrafo. E claro, pode ter versões mais simples e acessíveis. Precisa de mostruário e de versões sofisticadas e populares. Pensar em todos os gostos do público que quer atender em diferentes níveis de valores. Para tanto você tem que fazer a lição de casa. Isso quer dizer: como é o seu produto? Você entrega alguma coisa? é personalizado? Você tem amostras bacanas para apresentar aos clientes interessados? Você não vai precisar investir 5 milhões de dólares nos seus álbuns e outros produtos impressos. Mas se tem outra grande inspiração aqui para se tirar desse case é que o cuidado com o analógico (o que é real) faz a diferença. Caprichar no papel, na capa, no design e na embalagem. E mostrar isso direito nas redes sociais, no site. Não só com fotos, pois o vídeo funciona muito bem para apresentar seus produtos. E variedade com alguma sofisticação é sempre bem-vinda.

Com o Yodinha é a mesma coisa. Tem a versão Funko que é barata e tem o de pelúcia que custa caro. Vai virar chaveiro, camiseta, caderno, mochila e por aí vai. Marketing precisa de produto. Preço baixo é amigo de produto ruim e de coisas 100% digitais. Pode ver: quase tudo virtual tende ao valor mais baixo possível (com raras exceções). Se você tem dificuldade com preço (um clássico em qualquer negócio e não é diferente na fotografia) então te recomendo a leitura de Preço de William Poundstone. Para você entender de uma vez por todas a ciência envolvida em tudo o que está relacionado aos produtos e serviços. No caso da Disney+ eles apostaram alto e investiram pesado em um bonequinho físico que custou milhões de dólares. Aliás, estão caçando todos os artesãos que tentam vender o bonequinho em crochê e afins. A Disney não quer saber de ninguém faturando com o produto deles...

Em tempo: algumas matérias de negócios indicam que graças ao bebê Yoda e a força da série a Disney+ garantiu 30 milhões de assinantes só nos EUA. Ainda não existem dados sobre o faturamento com merchandising e a venda de brinquedos do Baby Yoda. Alguém duvida que já tenha vendido muito e que vai faturar muito mais? Que a Força esteja com você (e com as suas vendas).

Os atributos de um bom produto para quem vive da fotografia

A primeira constatação é da importância de se ter um produto. Mas não basta criar qualquer coisa ainda mais nessa nova fase da fotografia

Sem produto não dá para viver da fotografia. Se parece uma chamada exagerada, tente seguir no mercado só com fotos digitais. Algo que em tempos de concorrência extrema e crise econômica/sanitária torna essa escolha quase inviável (voltamos ao quase depois). A escolha do produto envolve várias questões que passam do marketing alinhado e passam por preço e influência até na divulgação. Contudo, aqui o enfoque é no produto e seus atributos primordiais. Veja quais são:

Produto é preocupação com as famílias, casais e com as pessoas em geral. Sem ele na forma de álbum, decoração com fotos e outros não têm memória para celebrar em família. Não tem legado histórico e as imagens ficam perdidas na nuvem ou no smartphone. Então o primeiro ponto primordial é o valor de personificar essas memórias no papel.

Produto é adição de valor na oferta do serviço. O grande artista sem produto pode ter uma fotografia fantástica, mas vai parar no mesmo "buraco negro" das redes sociais e do esquecimento digital como todo o resto. Com a foto no papel em algo diferenciado estamos adicionando valor ao que será entregue. E está diretamente ligado com a opção acima. No fim você mostra cuidado total com as memórias mais felizes daquelas pessoas. Logo, o segundo item primordial de um bom produto é que ele gera valor para você e para os clientes. Pois são memórias que ficam.

O produto é diferenciado desde que seja personalizado. Para quem está um passo à frente e já tem produto de nada adianta oferecer mais do mesmo. Ou seja, como é que você torna aquele álbum único. As fotos das pessoas no papel são sim uma forma de personalizar, só que não o bastante. Embalagem, histórias, tecnologia e outros fatores tornam hoje possível personalizar como nunca. Mesmo em itens mais simples na oferta final. O terceiro elemento primordial do bom produto é que ele tem de fato "a cara do cliente". E para isso você precisa ouvir e colaborar na criação do produto.

Produto é marketing. Na essência um álbum fica como lembrança importante. E gera indicação na hora que a família tem contato com amigos e parentes. A presença do produto bem feito gera essa confiança é um elo emocional. Desde que a peça seja a melhor possível e seguindo os pontos anteriores. Aqui o que é primordial é fazer o melhor produto e serviço possível para quem ambos trabalham junto na indicação. O famoso boca a boca depende disso é o melhor marketing que existe.

A identidade do fotógrafo ou negócio de foto deve sempre aparecer no que ele cria. E os produtos fazem parte desse processo. Entender isso é fundamental no composto do marketing na fotografia.

Ao fim e ao cabo, o produto eleva o valor da sua marca. Do propósito de quem se diz especialista em imagens. Se todo mundo é fotógrafo, nem todo mundo é guardião das memórias impressas. E elas são muito valiosas. Essa bandeira deve ser levantada pelos melhores fotógrafos e negócios de foto. Pode reparar que as referências do mercado e aqueles que estão bem são justamente os que valorizam e reforçam o valor do produto na fotografia.

Observe tudo o que ele apresentou nesse conteúdo e faça uma análise do que você entrega. Caso não entregue nada (só fotos digitais) é um péssimo sinal que tornará difícil a sustentabilidade na fotografia. Se você tem algo "mais ou menos" é um pouco melhor e ainda assim desafiador (porque estar na média não é um posicionamento favorável). E se está bem com seus produtos parabéns. Só não esqueça que eles têm um ciclo de vida e pedem renovação frequente.

AS OPORTUNIDADES PARA A FOTOGRAFIA NA ECONOMIA DE BAIXO CONTATO

Não é só o ensaio remoto que se tornou um serviço em tempos de pandemia. Veja o que outros segmentos podem se beneficiar nessa nova fase do mercado

Economistas e especialistas em consumo estão chamando essa nova fase de economia de baixo contato. Ou seja, aquela que oferece oportunidades ao mesmo tempo sem gerar riscos de contágio do coronavírus para os consumidores. De acordo com o relatório "Economia do Baixo Contato", divulgado pela consultoria global Board of Innovation, são mais de 30 oportunidades que surgiram com a pandemia. Tudo diretamente relacionado aos novos padrões de comportamento do consumidor e sobretudo de pouco contato real entre o consumidor e o negócio seja ele qual for. O que se nota claramente é o avanço óbvio do online e dos serviços de entrega ou afins.

A reconfiguração dos negócios em outros setores é estonteante. O exemplo das lojas ao vivo com transmissão em live e venda na hora usando o ponto físico combinado com o virtual e entrega é só um exemplo. Outra tendências são as "Dark Stores". Um conceito que já vinha com força para as cozinhas criadas exclusivamente para delivery e que agora se estende para lojas dos mais variados tipos. Na prática isso quer dizer: de lojas físicas que servem só como ponto de produção, coleta ou entrega de produtos. Algo que inclusive encaixa bem para negócios de impressão de fotografia. Mas a economia de baixo contato rende também em outras frentes do ramo fotográfico. Veja.

Impressão – Se existe uma área que cresceu e que tende a crescer ainda mais em novos formatos é justamente a da foto no papel. O motivo é que os negócios estão se adaptando. Do fotógrafo que passou a imprimir as fotos da própria família até novos apps de impressão. Existem aqueles empreendedores que buscaram alternativas de contato via WhatsApp e apps similares para resolver todos os problemas de memórias das famílias. Pessoas que muitas vezes têm mais tempo para separar fotos e querem imprimir, mas não sabem como. O ponto importante aqui é que esses consumidores podem tanto consumir fotografias simples (como 10 por 15) até coisas diferenciadas como uma foto na parede ou foto presente criativo. Tudo depende da oferta e parece que finalmente os fotógrafos estão acordando para esse potencial. Personalização, colaboração e características realmente únicas em cada produto farão a diferença para que esses negócios deem certo.

Sessão remota – a sessão remota ocorreu desde o começo da pandemia e evoluiu com impressão combinada. O fotógrafo oferece a sessão de cortesia, mas vende um álbum ou algumas fotos avulsas. Também ocorre a venda da sessão remota que já inclui algum mimo impresso. E olha que esse serviço online que parecia modinha não só se desenvolveu como parece que vai ficar no cardápio de muita gente mesmo depois que a pandemia passar.

Foto para internet e vendas online – essas fotografias digitais para profissionais, pequenos negócios como restaurantes e outros. Esse é o papel do fotógrafo e muitos investiram nisso atuando nos bairros próximos e fazendo esse trabalho. Seja recebendo produtos em casa ou no estúdio ou indo até o local para fotografar. Como quase sempre não envolve contato entre pessoas, fica mais seguro. Com o crescimento das vendas online (mais de 30% dos brasileiros compraram pela internet pela primeira vez) esse negócio tende a crescer ainda mais. Talvez só falte um modelo de negócio mais redondo e que pense um pouco além da oferta de fotos digitais para algo mais palpável.

Fotografia de arquitetura, design de interiores e decoração com fotos. Outros negócios aquecidos e que envolvem pouca exposição ao vírus. São várias frentes: os cliques de ambientes e tudo o que envolve esse setor. E ligado a isso as fotos para decorar as casas das famílias. O que parece evoluir para a parte de arquitetura e afins é o uso cada vez mais frequente de recursos tecnológicos como vídeo, imersivo 360 graus e outros. Fotógrafos em geral têm séries pessoais e projetos autorais com potencial de venda para decorar ambientes e presentear. Chegou a hora de olhar para isso de forma séria. Aqui de novo, tudo vai ser feito com a ajuda do ambiente online.

Fotografia de família – ensaio externo e em casa. Da fotografia profissional essa é uma das áreas que deve sair mais fortalecida do momento delicado que estamos passando. Pessoas estão em casa e em família. Mas mesmo aquelas que não estão em isolamento tem algo em comum: os momentos de família ganharam força e se tornaram uma oportunidade de registros intimistas. Essas pessoas querem experiências únicas, rápidas e sensíveis que mostram a rotina ou situações específicas. Sem esquecer da demanda natural de gestantes, aniversários e outras ramificações da fotografia de família. A forma de trabalhar e o que oferecer é que envolvem aspectos de confiança e relacionamento de um jeito que o fotógrafo retornará. E para tanto terá que oferecer algo valioso seja no serviço como no produto.

Transmissão ao vivo em eventos em geral – Encaixe aqui a importância do vídeo seja ele ao vivo ou não. O que está claro é que as lives e transmissões em geral só devem crescer. Especialmente se levarmos em conta o avanço do 5G. Uma das tendências possíveis é a locação de equipamentos de impressão que entraria combinada com as lives. O fotógrafo oferece a "live" + uma foto cabine ou impressora de eventos para que poucas pessoas em casa façam a impressão. Inclusive das fotos dos "convidados virtuais" que enviam selfies remotamente.

Ensino – se já vinha aquecido, o segmento de educação na fotografia só deve avançar. Talvez não exatamente como os fotógrafos imaginam de olho nos próprios colegas. O que tende a crescer são cursos voltados para pessoas comuns querendo aprender a fotografar com o celular ou a organizar arquivos (e imprimir) ou tratar fotos. Ou talvez aulas de arte e fotografia e outros. Os cursos online do tipo "fotógrafo com fórmula pronta" parecem cada vez mais desgastados para a venda. Pois esses mesmos conteúdos grátis estão disponíveis nas redes sociais. O que existe é espaço para novos conteúdos, temas e formatos. A julgar tudo o que está ocorrendo por aí ainda estamos longe do ponto ideal.

App de impressão – poucos desses aplicativos existem no Brasil considerando que todos os brasileiros têm um smartphone. Os apps de impressão tendem a crescer na medida em que as "lojas fantasmas" sejam mais comuns.

O que parece inevitável. Ou talvez a combinação da loja ou ponto de venda com o aplicativo. Importante: seja qual for o formato será fundamental a oferta de um produto diferenciado e único para os clientes.

O comportamento para todas as áreas traz algo em sintonia com outro aspecto importante. O consumo consciente nesse novo cenário competitivo. E aqui fica até um paradoxo e um desafio do que estamos passando. Pois ao mesmo tempo oferece uma oportunidade e um desafio: a fotografia terá que ser mais humana e intimista mesmo que nova era "de baixo contato".

O DESAFIO DO PREÇO NA FOTOGRAFIA

Precificar sempre foi um desafio. Fotógrafos e negócios de fotografia costumam criar isso com base na concorrência ou no achismo. Mas preço vai muito além disso

Preço é marketing. Nós formamos julgamento sobre eles o tempo todo. Isso aqui é caro e aquilo ali é barato. Essa aqui tem uma boa relação custo/benefício. E por aí vai. Existem várias formas praticadas no mercado fotográfico de formar preço. Fotógrafos costumam olhar para o que é praticado no mercado e vão para a estratégia do (ver no que vai dar). Aí entram questões como: se eu estiver começando vou fazer mais em conta. Se tiver poucas vendas vou acionar um desconto. Com a pandemia, os preços na fotografia foram obviamente impactados.

Sobretudo na fotografia profissional. Alguns pontos merecem atenção:

- Um preço que se ajusta ao consumo em queda. Esse é um desafio que já vinha de antes e que se acentuou na crise sanitária e econômica que estamos passando.
- O novo consumo consciente ganha espaço e a oferta tem que ser ajustada de forma conveniente.
- O luxo segue com espaço, mas será que o consumo consciente vai afetar o setor? Parece certo que sim.
- Na nova realidade do mercado para fotógrafos, ter uma estratégia de preços será oportuno. Com ofertas em coleções para todos os gostos. Claro, fazendo a conta direito.

- Ter produto vai ajudar a justificar o preço. Sem produto vai ficar complicado.
- Preço no novo marketing virou recorrência. Isso quer dizer: parcelar em muitas vezes? gerar assinaturas de serviços? Ter produtos e serviços que o cliente compre com frequência? A grande questão é: como é que o cliente vai comprar de mim muitas vezes e de forma recorrente.

O preço deveria ser feito com um olhar de custos. Da parte fixa e variável. Envolvendo questões como "valor do equipamento", depreciação, seguro, tempo e fornecedores, são muitos fatores. Coloque aí a margem (lucro) e fazendo as contas na ponta do lápis talvez muita gente (alguns dirão a maioria) esteja pagando para trabalhar. Custo por clique, o seu valor por hora. E o álbum? Aquela foto impressa que foi dada de graça também deveria entrar na conta. Preço com base na comparação e no achismo é um caminho de erosão de valor no mercado fotográfico. Some a isso aquela tendência de entregar só fotos digitais e a receita para o desgaste financeiro está completa. Pois como é visto por aí, tudo o que é digital tende ao valor zero. O menor preço possível é uma corrida que segue acontecendo. Vemos por aí sessão de fotos newborn por poucos reais e em outros segmentos não é diferente.

Infelizmente a minha constatação é clara: o preço vai continuar caindo. Talvez chegue em breve ao valor zero. E quando isso acontecer pelo menos será melhor do que o baratinho. Pois o de graça talvez gere algum valor melhor até subir de novo.

Ok, o consumo mudou e a fotografia não é item essencial. Se bem que família e momentos importantes familiares são. Então podemos nos ajustarmos, mexer na oferta e rever o que estamos propondo em termos de precificação. Só não faça isso com base "no dedo ao vento" para saber quanto cobrar por aí. Dito tudo isso, cansei de ouvir de alunos da ENF by Leo Saldanha, que preço é um problema. Daí surgiu a ideia de um app de preço: o primeiro do Brasil para você precificar do seu jeito certo e na palma da mão. Saiba mais:

https://www.enfbyleosaldanha.com/imageprice

O FUTURO DO RAMO ESTÁ NA FOTOGRAFIA DE FAMÍLIA. OU SERIA NO PRESENTE?

Faz alguns anos que escrevi sobre isso e agora o conceito do fotógrafo da família parece ganhar ainda mais força na pandemia

Há alguns anos escrevi um artigo na fhox mostrando que fotografar famílias era o futuro para fotógrafos. Não no sentido de fotografar ensaios de família. Mas sim como um profissional que atua atendendo todas as necessidades familiares. A verdade é que isso não é novo. Por décadas, fotógrafos servem clientes dessa forma, o fotógrafo fez o casamento e daí é chamado para o batizado. Depois é lembrado para fotografar o aniversário dos filhos e depois outras festas. Fazendo tudo bem feito ele é indicado por amigos e parentes daquela mesma família, o resultado é o que gosto de chamar de fotógrafo da família. A diferença é grande. Essa fotógrafa ou fotógrafo faz de tudo para os pais. Clicou a mãe quando era gestante, fez os registros do parto e voltou para quem sabe retratar o bebê e clicar o acompanhamento até o primeiro ano da criança. Talvez a mãe precise de retratos para o trabalho dela em uma empresa. Ela é executiva e precisa renovar as fotos corporativas. O marido dela também tem a mesma demanda. Ele ainda vai precisar de fotos de produtos da empresa ou negócio que está envolvido. É tudo encadeado. Falhou em uma via, falhou na sequência de possibilidades. A grande pergunta é: quanto vale um fotógrafo que serve uma família em tantas situações como essas descritas anteriormente?

Na linha do tempo estamos falando de uma relação de muitos e muitos anos. É um trabalho de extrema confiança. Algo que existe desde o tempo do filme fotográfico e que os melhores fotógrafos que atendem às mesmas famílias nem fica se gabando (estão muito ocupados trabalhando para agradar aos clientes). Dando um salto temporal estamos em 2020. Na pandemia famílias contando moedas, as pessoas vão consumir na base dessa relação de confiabilidade. Podem até gastar, mas vão investir de forma diferente. o consumo consciente pede novas ofertas mais em conta e entregas mais acessíveis. são menos tempo da sessão de aniversário e um produto mais barato e menor. Tem espaço para cobrar mais e criar coisas diferenciadas? sempre tem: como saiu em diferentes pesquisas, 80% dos brasileiros vão gastar com o básico. E os outros 20% que querem gastar com experiências e itens não essenciais. Aqui cabe a pergunta: família e suas memórias são essenciais? Mesmo cobrando menos isso não quer dizer porcaria ou qualquer coisa entregue para as famílias. quer dizer uma nova fase de adaptação. Não digo isso com base em achismos, é algo que ocorre nesse momento no mercado. A família está precisando de experiências marcantes, formas de escapar das notícias ruins e do desgaste de tudo o que está ocorrendo. Eu mesmo passei pela experiência de uma sessão de família com meu cachorro em um parque de São Paulo. Todos com máscara e devidas medidas de segurança. As fotos foram da Spitz Fotografia e foi muito bom para mim, minha esposa e minha filha. Desconfio que o Cookie que é meu cachorro também apreciou bastante. Foi uma vivência com segurança. Deise de Oliveira é fotógrafa e do grupo de risco, mas criou algo para a gente com segurança e foi muito bacana. Teve fotógrafo que criou sessões online e até tutorial em formato de guia para o cliente.

A experiência combinada com produtos vem como tendência forte? vai depender de você e da sua oferta, mas me parece que sim. As pessoas vão querer as duas ofertas (serviço e produto). Lembrando que tendências são feitas por quem está no mercado, o que está claro é que a família é o foco de tudo. Estão reunidos em casa e mesmo quem já está voltando a alguma rotina de normalidade também terá interesse. Aqui entra a importância das memórias em um momento delicado. O produto não deveria ser só a foto digital com alguma oferta de produto diferenciado. Um álbum, decoração com fotos ou algo mais criativo. O fato é que a fotografia de família (e suas vertentes) é o canal para muitas coisas distintas. Elo entre foto de festa infantil, corporativo, pet, sensual e por aí vai. O fato é que estamos diante de um momento de não aglomeração e isso impacta casamentos e outros eventos sociais com bom número de pessoas. Só não se engane: uma hora as coisas vão retornar e aí teremos a retomada. O problema é o agora que vai daqui até sei lá quando. Dezembro, março ou talvez mais para frente. Nesse ponto a família como alvo de mercado é uma opção viável e das poucas possíveis. Retorne ao começo e reveja sobre o território da confiança. Só vai entrar na casa das pessoas e estar conectado como fotógrafa da família (de preferência por muitos e muitos anos) aquele profissional que inspirar confiança de verdade. Relacionamento construído nas pequenas coisas. Das medidas de higiene básicas até os prazos de entrega do produto. E se o cliente não tiver problemas com a pandemia você terá que se portar como se todos pensassem igual. Pois é a sua responsabilidade de ter contato com os da sua família e de outras que atender. Creio que foi em 2013 ou 2014 que abordei sobre o futuro do ramo na fotografia de família. Teve gente que

concordou e fotógrafos que não gostaram (um me disse que se fosse isso mesmo ia mudar de ofício). obviamente não vive a fotografia só disso. Passa por decoração, impressão, captura para tantas outras áreas. Tem vídeo e tecnologia. Tem a parte da arte e muitas outras. A diversidade da fotografia é que torna ela incrível. Você faz escolhas de como vai encarar esse mercado. Se escolher foto de casamento terá que se adaptar a uma realidade de poucos eventos com formato muito pequeno, mais intimista (e ok). Se for de formatura terá que olhar para novas formas de retratar formandos com esse cenário desafiador e mais online. E por aí vai...
Sempre acreditei que a fotografia da família era promissora. Pois ela envolve quase tudo. A começar pelo óbvio...de que quase todos têm uma família. O casamento como o começo de tudo. E uma grande sequência que segue a partir disso. Tudo está interligado.

De qualquer forma, a foto da família está disponível em tantas possibilidades.

O que fica claro desse ambiente de hoje no Brasil é que a fotografia de família sairá mais fortalecida da pandemia. Evidente que não será assim para todos que atuam no mercado, mas sim para os que entenderam e se adaptaram a essa nova dinâmica de atuação dos últimos meses. Agora vou prestar muita atenção em seus desdobramentos para o fim de 2020 e o que virá como consequência para 2021. Seja como for, a fotografia de família está realmente como uma forte opção para o presente. Não sem enfrentar desafios, bloqueios e ajustes. E aqui vale mencionar que foto em si será parte importante nesse processo, mas outros fatores decisivos combinados com a "foto bonita" é que farão a diferença. Daqui para frente será questão de relacionamento, postura e profissionalismo (coisa básica há que se dizer, mas que muitas vezes parece diferencial). Outros diferenciais? Boas doses de disposição e familiaridade. Elementos que respectivamente são sinônimos de confiança e relacionamento. Justamente o que faz uma família querer trabalhar com você.

O poder da indicação: o melhor marketing que existe

O famoso boca a boca representa muito mais da metade dos esforços dos bons negócios da fotografia. Em tempos de tudo online conseguir essa indicação não é tão simples quanto parece

Só existe uma coisa pior do que falarem da gente. É não falarem.

Oscar Wilde

A frase acima é famosa. E na prática nesses tempos de redes sociais parece fazer ainda mais sentido. É o famoso "falem mal, mas falem de mim". Nem todo mundo concorda com isso, o que não dá para negar é que quando se trata de um cliente indicando a outro aí a história ganha outro patamar. A recomendação pessoal de um amigo para outro ou de uma família para família é das coisas mais poderosas que existe no marketing (lembrando que marketing é atrair e manter clientes).

Aqui cabe o primeiro desafio: para quem está começando como gerar indicação?

Não existe uma resposta fácil. É por isso que Cartier Bresson dizia que para atuar na fotografia tem que ter paciência. Algo que ele dizia para criar fotos incríveis, mas que faz muito sentido para a parte negocial. As primeiras medidas para quem começa é conseguir atrair clientes. Os primeiros que poderão indicar outros ou retornar a consumir. Nesse caso o poder de boca a boca. No livro de Word Of Mouth Marketing de Andy Sernovitz, o marketing boca a boca significa: "dar às pessoas boas razões para falar do que você faz. E fazer com que seja fácil para que essa conversa ocorra". Logo, para quem começa (ou quem recomeça) não se trata de fazer uma pessoa "te vender" e sim fazer com que "elas falem de você". Uma diferença bem grande. Gerar essas conversas significa criar algo que mereça a atenção. Um fotógrafo cria uma sessão de fotos com experiência e divulga nas redes sociais. Ele vai converter uma parte da renda para uma causa. Ou talvez a sessão seja com cães para adoção. Certamente são coisas que geram conversa.

Banksy é um artista subversivo e misterioso que ninguém sabe quem é exatamente. Só aí já gera alguma "conversa". Pois ele alguns anos atrás fez uma obra se autodestruir em uma ação de marketing boca a boca impressionante. Gerou tanta indicação que a obra acabou valendo mais mesmo estando picotada.

Claro. A indicação tradicional não é só sobre fazer as pessoas falarem de você. É aquela família ou pessoa feliz com seu trabalho e que recomenda você para outro indivíduo próximo (amigo ou da família). Por que ele te indicou? um serviço bem feito. Aquela experiência marcante. Não foi só uma foto incrível, mas uma soma de fatores de satisfação de um desejo atendido. Nem preciso dizer que qualquer falha no processo pode retirar a força de um possível cliente que indica. Exemplo: o prazo do álbum. O atraso para chegar à sessão. o tratamento pessoal. E por aí vai...ninguém indica alguém se uma etapa não for boa. Na verdade, é o contrário: ele vai sugerir você se tudo for bem acima da média.

Então, resumindo: o boca a boca verdadeiro é resultado de um trabalho de alto nível em todos os aspectos. Mas antes disso pode ocorrer a indicação se você "estimular a conversa" como na definição do autor do livro.

O manifesto criado por Sernovitz merece atenção:

- Clientes felizes são os melhores propagadores do seu negócio
- Marketing é fácil. Faça por merecer o respeito e recomendação dos seus clientes. Eles farão a divulgação do que você vende de graça.
- Ética e serviço de alto nível vem em primeiro lugar.

- Você é o que faz não o que divulga nas redes sociais e afins. Ou seja, a entrega e a experiência contam muito mais no resultado final e consequentemente na indicação.
- Boca a boca negativo existe e é tão frequente quanto o positivo. Ouça, preste atenção e aprenda com os erros.
- As pessoas já falam dos negócios. A melhor coisa é fazer parte da conversa.
- Seja interessante ou seja invisível.
- Se não vale a pena falar disso, então não vale a pena fazer isso.
- Faça a história da sua marca/empresa ser uma boa história.
- É mais divertido trabalhar em algo que as pessoas querem falar a respeito.

- O poder do marketing boca a boca é fazer com que os negócios tratem as pessoas do melhor jeito possível.
- Marketing honesto, autêntico, faz você faturar mais. Seja de verdade.

No livro o autor trata de condições ideais e práticas que ajudam no efeito do boca a boca.

- seja legal. (é mais difícil do que parece).
- Faça coisas inesperadas. O que ele quer dizer é não fazer mais do mesmo.
- Crie programas de indicação com descontos no site e nas redes sociais. Com vantagens para quem indica, mas só para aqueles clientes especiais e que gostam de verdade da sua marca.

Como o produto ajuda na indicação

Produtos incríveis geram indicação. isso é algo que o livro aborda e vale menção. "Produtos extraordinários criam relações de longo prazo e geram boca a boca. Marcas como a GoPro e Instax Fujifilm fazem sucesso assim, os próprios clientes felizes com os produtos comentam nas redes sociais e nos círculos mais próximos. Gerando conteúdos inclusive na internet e nas redes sociais. São produtos irresistíveis que fazem as pessoas falarem com frequência. O que os produtos com esse perfil têm em comum? São marcas com produtos únicos e que criam verdadeiras tribos no seu uso frequente.

O PODER DA INDICAÇÃO – PARTE II – POR QUE AS COISAS PEGAM?

O marketing boca a boca é o melhor que existe. Mas a indicação tem algo desafiador: como gerar recomendações do cliente quando você está começando e nem tem clientes direito? os exemplos do livro Contágio mostram que existem caminhos inesperados

O livro *Contágio* aborda com maestria a questão do famoso boca a boca. Primeiro por dar uma reviravolta na ideia que muitos podem ter de que a indicação só ocorre depois do trabalho bem feito. Não é bem assim. No livro ele traz o caso de um empreendedor norte-americano (Tom Dickson) que criou um liquidificador tão bom que acabou gerando a ideia: e se eles batessem outras coisas inusitadas no aparelho para mostrar que ele não quebrava? Daí nasceu a série (Will it Blend?) e que foi parar na internet e na tevê com grande sucesso.

Se o liquidificador da marca não quebrava batendo coisas sólidas (como iPhone), imagine fazer um suco ou outros alimentos? A criação desse "buzz" veio da experiência de Tom de testar os liquidificadores para ver o quanto eles resistiriam aos inúmeros desafios. O autor Jonah Berger diz que a intuição é um passo importante nesse processo. De notar as potencialidades. Mas o grande mote aqui é: você pode gerar boca a boca com uma ideia que pega. Berger ainda traz outra análise, de que o online é importante, mas as pessoas precisam falar disso também no mundo real. Pois isso gera a conexão verdadeira e o interesse real pelo produto ou serviço. O livro traz os pontos que ajudam algo "a bombar" na indicação. Veja quais são:

Os 6 princípios do Livro Contágio:

1 – Moeda Social. Usar algo para parecer e se mostrar inteligente, divertido e bem-informado. Por isso o poder do compartilhamento. Algo que vale na conversa pessoal da família ou para grupos de WhatsApp. Como seu produto pode ajudar as pessoas a terem uma moeda social que as destaque em te indicar? Alavancar uma mecânica de jogo para dar às pessoas formas de alcançar símbolos de status visíveis que elas possam mostrar aos outros. Aquele que mostra influência por compartilhar coisas bacanas.

2 – Gatilhos são os estímulos que fazem a pessoa pensar em coisas relacionadas. Como fazer as pessoas associarem seu produto ou serviço com determinado assunto? Quando pensamos em bebês recém-nascidos pode nos vir à cabeça o nome e o trabalho de Anne Geddes. Essa associação é importante. Precisamos

planejar produtos e ideias que sejam frequentemente acionados pelo ambiente e criar gatilhos ligando-os a sugestões prevalentes naquele ambiente. O que gera a lembrança de uma marca de forma imediata. Quando penso em lugar x foto logo lembro do trabalho do fotógrafo Gilmar Silva.

3 – Emoção. Como o livro diz: quando nos importamos, compartilhamos. Como podemos elaborar mensagens e ideias que façam as pessoas sentir algo? O conteúdo naturalmente contagiante em geral evoca algum tipo de emoção. Bater um iPhone ou outro objeto insólito no liquidificador é surpreendente e inesperado e funcionou para a Blendtec. Não é algo que funcionará para todos e depende muito do ambiente e das condições. No fim, coisas emocionais com frequência são compartilhadas. O que o autor diz é que bater nos aspectos emocionais é

muito mais eficiente do que nas funções técnicas de um produto. Até mesmo emoções negativas podem ser mais úteis do que a frieza dos recursos e diferenciais técnicos de um produto ou serviço.

4 – Público. Se as pessoas nos veem fazendo elas querem ou podem fazer igual. Nos EUA existe a expressão "macaco vê, macaco faz" que vale para essa tendência de inspiração pelo exemplo do outro. Você mostra o produto de forma que as pessoas possam compartilhar? As pessoas conseguem ver quando os outros estão usando nosso produto ou se engajando no comportamento desejado por nós? A tendência humana é de fato imitar. Mas não dá para imitar alguém sem ver o que é feito. Daí a importância de mostrar. Seja no exemplo dos clientes e

tornar as coisas fáceis de serem observadas e compartilhadas. Tornar as coisas mais visíveis, facilita que elas sejam populares. Produtos, ideias e serviços que se anunciem por si mesmos e criem interesse orgânico. GoPro, Polaroid e DJI fazem isso com seus produtos quando os próprios clientes usam conteúdos gerados pelos equipamentos para publicar conteúdos que foram feitos com seus produtos. Da mesma forma com o iPhone quando alguém publica que foi clicada com iPhone.

5 – Valor prático. Aqui entra o marketing de conteúdo. De gerar utilidade com o produto atrelado. Como seu produto ou serviço pode ajudar as pessoas com algo concreto? seja na questão das memórias impressas que ficam como legado. Seja na diversão de uma experiência

para fugir desse momento bizarro que estamos vivendo (uma sessão fotográfica pode ser bem divertida). A mensagem sobre esse valor tem que ser clara e forte. Pois as pessoas estão inundadas de informações o tempo todo. Daí a importância da utilidade. O realce da vantagem pode ser financeiro, mas sobretudo de utilidade com uma oferta realmente boa.

6 – Histórias. A narrativa do produto ou serviço tem que estar lá e se envolvente. A narrativa do liquidificador é que ele é tão poderoso que bate objetos sólidos sem quebrar e torna a expectativa daquele momento algo único. Construir produtos e serviços e ideias para que as pessoas vejam uma história que faça com que as pessoas queiram contar. Uma bela história com emoção, valor prático. Tudo para gerar gatilhos quando as pessoas comentarem para parecerem importantes (moeda social).

Fazer tudo isso com o seu produto ou serviço é ao mesmo tempo gratificante e empolgante. Nada melhor do que as outras pessoas falando da gente e daquilo que a gente cria. É assim que o boca a boca também funciona. Que tal tentar?

No próximo conteúdo sobre marketing boca a boca vamos abordar uma questão essencial. O cuidado com os detalhes e a importância do elemento mais crucial de todos: a pessoa que comprou ou vai comprar de você.

O poder do boca a boca parte 3: concurso de Chaplin, fadas em fotos e o valor do insólito no processo da indicação

A ideia de que Charles Chaplin perdeu em um concurso de imitadores de Chaplin é sensacional e inesperada. E aí? Você acha que é verdade ou não? E se eu te falar de fadas em fotos. Você acreditaria vendo uma fotografia mostrando crianças próximas de fadinhas? São fotos bem antigas de 1917 e eu lembrei de gnomos e coisas do tipo. Nesse caso, parece óbvio que são fakes. Quando foram publicadas, essas imagens eram 100% analógicas em uma época sem possibilidade de checagem, com bem do básico quanto ao acesso à informação. O que quero dizer é que as pessoas acreditavam naquilo...foi assim que ocorreu...

Mais de 100 anos atrás duas meninas inglesas foram ao jardim e então clicaram as fadas. Depois levaram a câmera para o pai dizendo que tinham retratado os seres mágicos. O pai não acreditou mesmo revelando as fotos e notando que tinha algo lá. A mãe das meninas acreditou e ficou do lado das meninas. Pausa para uma observação: basta olhar para as fotos para ver que foi uma pegadinha das crianças. Com figuras recortadas e encenadas pelas meninas. O fato é que o pai levou as imagens para serem analisadas por um grupo de estudiosos. Parte deles acreditando que eram verídicas. Um dos membros inclusive começou uma campanha para provar que as meninas falavam a verdade e até fizeram para repassar o acontecido. Foi parar na mídia e bombou...

Foi só em 1983 que as moças assumiram que eram fakes para os jornais ingleses. A história ia e voltava nos canais de notícias do mundo todo. Quer melhor boca a boca do que esse?

Voltando ao concurso de Chaplin. Não existe consenso. Parece que Chaplin pode ou não ter participado do tal concurso que ocorreu faz uns 100 anos (na mesma época das meninas). As matérias mostram que a checagem é inconclusiva. Talvez você queira pesquisar mais e achar algo que me diga. Ou seja, parece fake, mas pode ser que o lendário comediante tenha de fato participado da competição de sósias dele. O importante aqui é a fotografia publicada em um jornal inglês que reforça a desconfiança. Sem foto não tem como divulgar.

Mais de um século depois, eu vi essa fotografia em um post no Facebook. Quando a repercussão dura décadas é realmente incrível. O importante aqui é que segue reforçando a aura de um personagem tão marcante que mal não faz para a marca de Charles Chaplin. Da mesma forma quanto as meninas, provavelmente a crença das meninas era de que a história era boa. E era mesmo.

Qual a relação entre as duas coisas? talvez nenhuma. Ou quem sabe seja um pequeno estudo sobre o poder das histórias bem contadas. E mais: que tal olharmos para a participação de Chaplin com outro prisma? Ele participou porque fazia sucesso e era um astro. E se ele tivesse achado a ideia muito divertida? provocativa? Primeiro porque ele poderia passar despercebido no meio de tantos imitadores. Aqui cabe o ponto que gostaria de ressaltar: um comediante que marcou a história do cinema e da cultura pop decide entrar em um concurso inspirado nele. Ele perde e fica em terceiro. A piada do século gerou mídia como já destaquei acima e na verdade virou uma espécie de lenda urbana. Ele participou ou não? Eu não sei, mas segue rendendo...prova disso é que eu vi essa postagem na semana passada. Quem sabe tenha sido uma notícia plantada (pelo comediante ou um grande fã) e ninguém poderia imaginar que duraria tanto tempo. Repercute como uma ideia curiosa. O poder do inusitado. Isso me remete a uma outra situação insólita. Uma foto de Bresson que foi postada anos atrás em um grupo do Flickr até que o usuário avisou que era do mestre do momento decisivo.

Se Chaplin fosse reconhecido (caso estivesse de fato no concurso) ele seria aceito? Qual o valor da percepção e da assinatura de uma marca famosa para gerar o boca a boca? Certamente a fama conta muito. Hoje muito se fala da síndrome do impostor de um lado e do "finja até dar certo" do outro. Na minha visão é melhor pecar por fazer e aprender no processo. Somos todos impostores e autênticos dependendo da situação ou ponto de vista. As meninas das fadas e o Chaplin no concurso provam isso.

No caso das fotos das fadas, o desfecho é surpreendente. No começo de 2019 as fotografias das fadas e das adolescentes foram leiloadas por mais de 90 mil dólares! O que comprova esse poder do boca a boca de uma história que se estendeu por décadas até virar uma relíquia falsa de uma "pegadinha fotográfica" fascinante e valiosa. O caminho para algo "bombar" ou ser falado não segue um manual, embora traga itens frequentes. Como ousadia, criatividade, alguma malandragem (tanto no concurso do Chaplin quanto nas fotos de fadas vemos isso) e muita cara de pau. Quem não gosta de aparecer ou ver seu trabalho "ser comentado" terá dificuldade com o marketing e por consequência com a indicação. O que não quer dizer que você tem que inventar uma história ou ser fake. Pois os dois casos aqui são extremos e a forma que encontrei para você parar, olhar e pensar. O que você pode fazer não precisa ser assim. Longe disso. Só não espere gerar indicação sem fazer nada. Essa sim seria uma história sem graça de contar...

Jobs to be done: a complexa e importante teoria de produto de Clayton Christensen

O renomado especialista em inovação e negócios desenvolveu o conceito que segue válida no desenvolvimento de produtos campeões

As pessoas não compram um produto pelo o que ele é, mas sim pelo resultado que é entregue. Clayton Christensen morreu no começo desse ano. Ele foi professor de administração na Harvard Business School e ficou mundialmente conhecido pelo seu estudo em inovação dentro de grandes empresas. Autor do livro ``The Innovator "s Dilemma `` que aborda como a inovação também pode inclusive matar seu negócio. O fato é que o conceito do "trabalho a ser feito" faz todo sentido e foi outra importante teoria validada por ele e outros especialistas. Para o nosso mercado traz a provocação: as pessoas não querem uma foto na parede apenas. Elas querem a experiência de ter feito aquela sessão em um dia divertido com a família. Elas não querem um álbum para colocar nas fotos, mas uma forma completa de reviver momentos marcantes. Claro, o produto é importante. o que a teoria dele coloca é da função além do produto. Ou seja, produtos podem sumir, mas para que ele serve (a tarefa envolvida) seguem valendo. Um exemplo é a rede social e o smartphone como substituto dos itens impressos. Fotógrafos são questionados o tempo todo "se é mais barato" ter os arquivos digitais e pagar só pelo serviço. O risco disso é o esquecimento e a própria desvalorização do processo como um todo.

O produto não pode ser só o elemento a ser descartado para reduzir o preço. Ele deve servir como parte da experiência. É aqui que entra a teoria do "Trabalho que precisa ser feito". Se o álbum faz parte da experiência completa e conta uma história de um jeito único, ele realiza o que promete (relembrar aquela festa ou momento importante). E vai além se tiver recursos únicos. Aqui entraria realidade aumentada, uma trilha sonora para acompanhar o produto. Cheiros, embalagens e outros mimos que tornam a experiência mais completa. Segundo Christensen, as empresas perdem tempo evoluindo o produto não de olho no que o cliente quer como resultado (valorizar a história e relembrar aquela cena). E aí entram questões como melhor impressão, acabamento etc. Não que não sejam importantes, mas de fato muitas empresas acabam obcecadas com requisitos desnecessários que não compõem o valor percebido pela família ou consumidor final.

O blog da Lahar traz o conceito explicado de forma completa e que merece destaque aqui:

PRINCIPAIS CONCEITOS DA TEORIA JOBS-TO-BE-DONE:

Empresas geralmente definem seus mercados em torno de um produto ou tecnologia. É comum ouvirmos falar de empresas dizendo que estão no mercado de MP3 players, ou no mercado de semicondutores, ou no mercado de pastas de dente.

A princípio, isso parece lógico e auto evidente. Afinal, as empresas não são definidas pelo produto que fazem? Uma fábrica de reprodutores MP3 não está no negócio de MP3 players? Não é isso que a define como empresa?

Mas aqui está um problema. Isso é um mito. Um produto não é um mercado! Cada produto será, um dia, algo do passado. Discos de vinil e fitas cassetes foram ultrapassados e deram lugar aos CDs e MP3s, bem como esses formatos também deram lugar a plataformas de streaming na nuvem. Mas só porque uma tecnologia ou produto se tornaram obsoletas, não significa que aquele mercado desapareceu; significa que ele mudou.

O mercado, nesse sentido, são as pessoas que compram o produto por conta de um trabalho a realizar. Por exemplo, esse "trabalho a realizar" é ouvir músicas. Quando dizemos que o mercado mudou, afirmamos que essas pessoas passaram a comprar outro produto; um produto que as ajuda a realizar melhor a tarefa que desejam.

O mercado da música, portanto, nunca acabou. Apenas mudou. As pessoas deixaram de comprar CDs e passaram a ouvir suas músicas no Spotify. Como consequência, as gravadoras que definiam seu negócio como sendo vender CDs, perderam seu mercado; enquanto aqueles que definiram seu negócio como vender música, se adaptaram e prosperaram.

É em razão disso que uma das maiores premissas dessa teoria é que se deve projetar os negócios em torno de um trabalho a realizar, ao invés de definir seu empreendimento sobre um produto que certamente se tornará obsoleto. Desse modo, as empresas estarão focadas em criar as soluções que melhor realizarão os trabalhos necessários. Isso resulta em longevidade para a empresa.

Outro princípio derivado dessa teoria é o de que as tarefas a realizar devem guiar seu futuro. Que produtos vencerão futuramente? Aqueles que melhor ajudarem a realizar as tarefas dos consumidores. Conhecer as tarefas que causam dificuldade aos seus clientes hoje, indica o que um produto precisará ser para ganhar o mercado mais adiante. A teoria dos trabalhos a realizar prediz quais produtos ganharão o mercado.

Como aplicar a teoria:

Tudo o que foi dito até aqui pode ser sumarizado por essa citação de Christensen:

"A maioria das empresas segmenta seus mercados por dados demográficos do cliente ou características do produto e diferenciar suas ofertas, adicionando características e funções. Mas o consumidor tem uma visão diferente do mercado. Ele simplesmente tem um trabalho a ser feito e está buscando 'contratar' o melhor produto ou serviço para fazer isso."

Com a finalidade de aplicar a teoria, seguem alguns passos que podem ser realizados no seu negócio:

1 – Faça uma pesquisa de campo a fim de descobrir como as pessoas enxergam a marca, usam seu produto e percebem a relevância dele.

2 – A partir desse diagnóstico, procure entender quais são as tarefas que sua empresa ou serviço entrega, e qual delas os clientes mais valorizam.

3 – Analise os benchmarks. Veja soluções bem sucedidas de outras empresas, tanto para a tarefa principal, quanto para as tarefas secundárias do que você oferece.

4 – Repense seu produto, priorizando os jobs que estão mais alinhados com o objetivo principal da marca.

5 – Valide a nova experiência com os clientes. Crie um MVP (mínimo produto viável) e teste sua solução.

6 – Mantenha-se aprimorando seus produtos e negócios ao redor dos trabalhos a realizar pelos seus clientes, e jamais fique obsoleto.

O post da Lahar traz uma visão completa com esses passos para o entendimento quanto ao produto dentro da teoria do Jobs to Be Done. Na minha visão é acertado pensar além do produto, o que não dispensa sua importância. O próprio Cristensen discorreu sobre dois exemplos: como as pessoas tomavam milk shake nos Estados Unidos e como McDonald's estudou não sobre a bebida, mas a relação dos consumidores sobre o produto. O "trabalho a ser feito" do milk shake era uma rotina. As pessoas consumiam determinadas situações. Como um prêmio por conquistar algo, para desestressar, para ter algo nas mãos enquanto faziam outra coisa. Ou seja, é sobre observação. Daí a importância de conversar, entender e pesquisar seus clientes na fotografia. Qual é o trabalho a ser feito com as pessoas quando o assunto é fotografia? As pessoas compram uma sessão porque querem passar bons momentos juntos? por que querem ter esse registro? Qual o papel dos produtos no final das contas? Não existe uma resposta espetacular no fim desse post de como será isso. Pois é uma questão muito particular de cada pessoa, família. Esse é o seu trabalho e não é pouca coisa. Está muito claro para mim que o produto é fundamental para viver da fotografia. E quem já tem um (ou vários) tem que evoluir para essa fase de estudo de comportamento e inovação. O seu trabalho a ser feito!

GERANDO CONTEÚDO PARA ATRAIR E MANTER CLIENTES

Fotógrafos e negócios de fotografia geram conteúdo o tempo todo. Então por que não aproveitar melhor isso para o marketing?

Alguns dos maiores nomes do marketing mundial já disseram: marketing de conteúdo é a melhor alternativa. Isso porque envolve informação e algo de útil para quem tem contato com o material. A GoPro é um exemplo de marketing de conteúdo. Virou inclusive case mundial do YouTube, já que são as pessoas com câmera de ação da marca que geram os posts que viralizam. E afinal, o que é marketing de conteúdo? E como ele pode ser útil para meu negócio?

Antes de entrar nisso vamos cometer um erro frequente. Outro dia na minha timeline apareceu um anúncio escrito o seguinte com texto colorido grande: Fotos 3x4 na hora para sua foto de documento. Eu fiquei chocado porque essa mesma empresa faz uso desse tipo de comunicação toda hora. Algumas curtidas aparecem por lá, mas fico me perguntando se ele vende alguma coisa fazendo isso? Em outros casos recorrentes (duas marcas reconhecidas) postam a foto dos equipamentos com uma explicação fria sobre o que é aquele produto. Isso obviamente não é conteúdo, isso é marketing 1.0 (vender produtos) travestido de alguma outra coisa.

O que é marketing de conteúdo?

- Quem quer atrair e manter clientes tem que criar conteúdo genuíno e autêntico. Como? Olhando para o perfil e história da sua marca nas questões básicas do marketing. O mais curioso é que boa parte dos negócios de fotografia saem promovendo coisas sem saber nem o básico.

- Criar conteúdo autêntico não para você, mas sim para o seu público. O que eles querem de verdade? O que eles estão precisando na fotografia? Aqui cabe relembrar: não se trata de propaganda.
- As regras de relacionamento com as pessoas mudaram completamente com o smartphone e as redes sociais. Melhor do que seguir um manual é estudar, testar e adaptar. A questão é: como o conteúdo vai criar algum elo entre o que eu ofereço para as pessoas que quero atender?
- Marketing de conteúdo é trabalho de pesquisa e interesse verdadeiro da sua parte pelos seus clientes. Quem são eles? o que querem? e como

você pode conversar com eles? O conteúdo como parte disso.

Como fazer marketing de conteúdo?

- Não é propaganda, é conversa com informação útil. O fato é que as marcas estão virando editores. Pessoas que criam textos, vídeos e posts para mostrar narrativas envolventes que possam ser interessantes para as pessoas. Conteúdo de qualidade é algo relativo.
- Fazer parte da conversa é parte fundamental do processo. É por isso que vemos tantas marcas (de todos os portes) buscando o assunto da vez para criar algum conteúdo relevante. Criando memes e afins. Na minha visão isso já saturou. Sobretudo nesse momento de pandemia, as

pessoas querem algo que seja mais útil e que possa informar de verdade.

- Pense na questão das gestantes que nesse momento podem estar muito tensas com a situação de exposição ao vírus. Uma fotógrafa cria conteúdo útil para falar de como a grávida pode relaxar usando apps de meditação. Ou de como ela trabalha de forma segura e que até a sessão fotográfica com distanciamento pode ser um instante de escape diante de tudo o que estamos passando. Esse profissional poderia fazer um vídeo ou texto com essas informações. Claro, levando em consideração onde o público dela está. No Insta ou outros canais em que essas futuras mães estão se relacionando. De certa forma o marketing de conteúdo ajuda em outras frentes. Imagine que essa fotógrafa fechou uma parceria com uma clínica médica para fazer boletins com essas dicas. É um jeito útil e valioso de gerar conversas e contato com seus possíveis clientes.

- O mais importante (mais do que regras!) é começar e estudar muito sobre o assunto. Aprender fazendo, ajustando e evoluindo. O melhor caminho é tentar seu útil de verdade para o público que você quer atender!

A presença é importante!

No marketing de conteúdo temos que levar em consideração que tudo será visto em diferentes plataformas. Logo, no exemplo anterior falamos de e-mail marketing. Mas o mesmo conteúdo poderia virar vídeo, post no Instagram e um texto para blog com fotos ilustrando tudo. O importante é lembrar que não dá para jogar a mesma informação com os mesmos moldes para diferentes canais. Não dá para enviar um texto gigantesco no Twitter ou pelo WhatsApp. Ou seja, é importante ajustar os formatos mantendo o padrão central do que foi passado. Presença é consistência é o novo "ponto" do marketing básico. É aparecer com frequência para ser lembrado e nada melhor do que fazer isso com dicas ricas. O conteúdo de marketing ou vice-versa é valioso nesse sentido pois pode fazer parte das questões do preço, produto e divulgação. Exemplo: por que meu produto será útil para você? Por que meu serviço custa isso? Por que fechar comigo será uma experiência marcante para você?

Você está no conteúdo! De nada adianta tentar criar marketing de conteúdo e usar técnicas de inbound marketing (baixe meu ebook) se não tiver você com seu perfil e identidade nesse conteúdo. Trata-se no fim de um conteúdo que equilibra sua personalidade da marca e características muito pessoais suas combinadas com aquilo que seus clientes acreditam e necessitam.

Fotógrafos e negócios de foto criam fotos, vídeos e conteúdos frequentes. A imagem já faz parte do processo em uma rotina constante. Por que não organizar isso de uma maneira mais envolvente, verdadeira e que possa ser útil para as pessoas? para você pensar e encontrar respostas o quanto antes.

10 QUESTÕES FUNDAMENTAIS DO NOVO MARKETING PARA QUALQUER NEGÓCIO DE FOTOGRAFIA

Não é uma fórmula pronta com a receita de sucesso para seu negócio. Na verdade, serve para iniciar e orientar os esforços de marketing com questionamentos cruciais para quem quer viver da fotografia

Gosto muito do que publica Seth Godin. Ele é um autor celebrado mundialmente quando o assunto é marketing. Para ele, o assunto não é mais só sobre atrair e manter clientes. Na verdade, se tornou uma forma de mudar comportamentos e ter um impacto nas vidas das pessoas. Seguindo os preceitos de Godin trago aqui questionamentos relevantes que podem ajudar a orientar seu negócio de fotografia.

1 – Para quem é? O erro mais comum no mercado fotográfico nas mais variadas áreas é achar que todo mundo é alguém. E mais: acreditar que famílias ou mulheres ou crianças são seu público. Saber quem você vai atender no maior nível de detalhamento possível é fundamental para criar uma mensagem, produtos, definir preço e onde você vai aparecer e atender seus clientes. Uma foto na parede autoral é bem diferente de uma foto na parede de um bebê. A mesma pessoa pode querer as duas coisas em momentos distintos da vida. Entender essa distinção faz toda a diferença.

2 – Para que serve? Qual a função do que você faz na vida das pessoas. Eternizar momentos é jargão que não cabe e leva ao "mais do mesmo". Aqui entram dois pontos importantes: serve para algo com base na sua história e no que você acredita. Então é importante saber por que você faz o que faz. Saber responder isso (não é tão simples quanto parece) faz a diferença para entender o "para que serve". Uma sessão de fotos para criar uma experiência marcante e inesquecível com determinados elementos exclusivos para um perfil característico já seria um caminho. Essa serventia passa dos elementos do produto até o serviço oferecido. Uma Polaroid serve para gerar uma foto única na hora. Um app que permite editar fotos com filtros serve para embelezar minhas fotos para as redes sociais. Quanto mais detalhes melhor. Para que serve o que você faz?

3 – Qual a visão de mundo da sua audiência? o que eles apreciam ver, viver, aprender? O que seus clientes gostam de ler e de assistir? Como eles veem o mundo? Pessoas que gostam da Disney podem ser bem diferentes daquelas que gostam de locais exóticos. Ou talvez não. Pessoas que apreciam GoPro querem mostrar seu ponto de vista. O que seu público de fato acredita? Isso é importante para saber se você está alinhado ou se você sabe ou parou para pensar nisso. Para quem já atende é uma questão de perguntar e pesquisar. Para quem está começando é uma questão de fazer testes e participar de conversas (virtuais).

4 – Do que seus clientes têm medo? Medo é uma palavra forte, mas hoje bem presente na sociedade. A pandemia

trouxe isso de forma relevante. Eles têm medo de um negócio que mostra uma coisa, mas faz outra. Promessa de melhor produto e a qualidade é ruim. Daquele que vende qualidade e não tem muito cuidado em nenhuma característica qualitativa. Existem clientes que têm medo de produtos que agridem o meio ambiente. Outros têm medo de atrasos? De poder contar com aquele negócio? Será que ele estará lá? Será que o álbum vai demorar para chegar? Será que ele pode entrar na minha casa? Conhecer essas nuances não é uma tarefa fácil e só ouvindo e colaborando com os clientes podem entender essas questões.

5 – Qual história você pode contar? As pessoas não querem mais anúncios, posts patrocinados com meras

chamadas publicitárias. Elas querem histórias e algo que faça sentido para elas. A sua capacidade de contar a história certa tem a ver com as respostas que você der para as questões acima. Só não resta dúvidas que o novo marketing é sobre contar histórias verdadeiras. E para quem lida com imagens isso é uma vantagem e tanto.

6 – Que mudanças você quer fazer? A mudança de comportamento. A ideia poderosa que possa transformar a vida das pessoas. Fotógrafos já fizeram campanhas para que as noivas se casassem de dia. Ou de contar uma história verdadeira com fotos vivendo dentro da casa da família (documental). Ou imprimir e entregar álbuns na própria festa de aniversário ou casamento. O fato é que o impacto parte do negócio de foto e do fotógrafo que

busca criar algo que fará a diferença na vida das pessoas. O que você pode fazer? Na pandemia, fotógrafos fizeram a diferença criando ensaios remotos ou criando fotos de produtos para negócios afetados. Ou vendendo fotos para ajudar causas.

7 – As pessoas vão falar de você para amigos e parentes? Essa é a pergunta em que a resposta positiva tem conexão direta com o bom trabalho nos itens anteriores desta lista. O melhor marketing do mundo é o mesmo de sempre: o boca a boca. É a indicação gerada a partir de um trabalho bem feito. As pessoas vão falar de você e te indicar se você der motivos. Pode ser que você crie ações específicas. Só não se engane. O boca a boca normalmente

leva tempo e é super efetivo e reflexo direto do seu trabalho que agradou.

8 – Qual efeito de rede que vai impulsionar junto a divulgação? O Uber dava descontos para quem indicasse amigos e outros negócios seguiam na mesma linha. Amigo que indica amigo é um poderoso recurso. Da mesma forma é o poder do grátis e de estimular o interesse e a degustação. Só não dá para ficar o tempo todo só fazendo isso. Essa força de rede depende do trabalho conjunto. De combinar todos os elementos anteriores abordados e ainda pensar nessa forma de incentivar a divulgação.

9 – Qual será seu legado? Essa parte está ligada com seu motivo e aquela perguntinha simples e difícil de responder: por que você fotografa mesmo? Por que faz o que faz na fotografia? vale para qualquer negócio de foto. O que vai ficar são memórias impressas em todos os segmentos do ramo. Fotos que serão lembradas por décadas. O que mais você deixará de legado para seus clientes?

10 - Você está orgulhoso? A Canon mostra e festeja quantas lentes e câmeras já produziu na sua história. A Fujifilm diz que está há mais de 60 anos no Brasil e celebra isso. Fotógrafos e fotógrafas referências em diferentes segmentos destacam quantos ensaios fizeram e quantos anos vivem da fotografia. Destacando sobretudo

as histórias dos clientes. Mais do que números, mostrar orgulho das conquistas em conjunto com as pessoas atendidas pela sua fotografia. Seja você loja, estúdio, fotógrafo e tudo o que envolve a fotografia como negócio.

O PODER DO GRÁTIS

Melhor do que o baratinho e tão poderoso quanto o preço justo. Dar mimos é uma verdadeira ferramenta de marketing da generosidade

"É melhor dar de graça do que começar cobrando errado!". Em tantos anos de mercado, não ouvi uma ou duas vezes essa afirmação e concordo com ela. O grátis é forte sob diversos aspectos e os exemplos do nosso e de outros mercados comprovam isso.

– Você chega na padaria e o atendente te mima com um docinho ou um pão de queijo. Ele quer dizer: veja como é bom e você não vai se arrepender.

– No Starbucks perdi a conta de vezes que vi o time de baristas servindo amostras de novos produtos. O colaborador leva em uma bandeja os pedacinhos de um novo doce ou algo do gênero. Ele quer dizer: veja essa novidade que fizemos. Prove e veja se não vale a pena.

– No supermercado o grátis domina em ações de marcas de um pouco de tudo. Eles querem mostrar: prove, conheça e não se arrependa.

– Na ótica você "ganha" a caixa dos óculos ou o paninho é um spray de limpeza. Aqui a ideia é o inverso. Compre e ganhe um presentinho.

– Nas concessionárias você ganha tapetes e opcionais. O convencimento na compra de um produto tão importante quanto um carro envolve presentes mais caros. Até o IPVA entra no jogo.

Na fotografia desde os primeiros estúdios europeus a ideia de receber algo sempre esteve presente. Você ganhava no mínimo uma experiência. A fotografia era algo tão novo que no século XIX a sessão fotográfica que tomava tempo e era trabalhosa era um chamariz. A clientela pagava pela foto em uma peça especial e o retratado ganhava justamente toda aquela vivência única.

Hoje o grátis são fotos extras no pacote vendido. São lâminas a mais no álbum. São mais horas na festa ou uma gravação exclusiva com drone que não estava inclusa. É o álbum menor a mais para dar para os pais dos noivos.

O gratuito não é uma estratégia simples. A "pegadinha" é não fazer conta ou entregar em excesso e desvalorizar a oferta e seu negócio. "De graça até luz de flash na fuça". Só que não é bem assim. Os mimos são uma forma de atrair, seduzir, manter e premiar. Gaste mais comigo e te dou essa foto para decorar a parede.

O poder do grátis é efetivo se pensado com calma e de forma planejada. Pois se você exagerar vai destruir o valor da marca. "Eu vou esperar para ver o que ele vai me dar". E quando a gente vê o mercado está viciado nas benesses mais surreais.

Um estúdio com espaço de cenários temáticos que dão direito a um clique degustação ou faça sua festa aqui. Pague o ensaio e ganhe um mini-evento grátis.

Uma loja com aulas grátis de fotografia para os clientes mais especiais.

A empresa de foto de formatura que premia determinados formando com um fotopresente.

A indústria que leva câmeras instantâneas para dar fotos na hora de presente em um evento importante. Ou em um parque, restaurante ou estádio.

Grátis é uma palavra clássica do apelo do marketing tão forte quanto desconto, novo ou promoção imperdível. Parece indicar generosidade e serve aos clientes mais recentes ou aqueles que gastam mais. Depende da sua estratégia. Aliás, qual é seu plano mesmo?

No livro freemium Chris Anderson mostrou cases de empresas que tinham clara proposta grátis. Caso do Yahoo com Flickr dando armazenamento grátis é ganhando com os clientes que pagam para ter espaço extra.

O Uber antes se chamava UberCab e dava descontos para clientes que indicavam passageiros. Até hoje eles fazem isso. O grátis com efeito boca a boca. Dropbox, Google e Amazon Prime também têm ofertas similares. Netflix ficou famosa por dar 30 dias de graça. Agora parece que vão rever a oferta.

Fotógrafos experientes e negócios de foto astutos presenteiam com parcimônia. Não dá para gerar gratuidade para determinadas coisas. Você não dá um álbum de casamento. Você não dá uma cobertura completa de uma festa infantil. Um item extra sim. Um slideshow. Algum mimo de decoração. Depende da criatividade.

Melhor do que dar um descontinho é presentear. O primeiro é concessão e o segundo cortesia. Na era digital é melhor usar o grátis do que vender preço desesperado. A diferença entre as duas coisas é gritante: na definição do grátis a relação direta é benevolência, franqueza. Aquilo que é gracioso leva ao lucro.

Barato é módico, comum e acessível. Logo muito barato é banal e mal-arranjado.
Então sim, o grátis é mais poderoso do que o baratinho. É generosidade e recompensa para um cliente que ficará muito grato.

Não, não quer dizer que você vai trabalhar de graça. Quer dizer o contrário: que você vai cobrar muito bem (dentro do possível) para poder brindar quem realmente merece. E de quem estamos falando? De quem pagar bem.

A GOPRO ENTROU NO NEGÓCIO DA RECORRÊNCIA

Serviço de assinatura já conta com meio milhão de assinantes e tudo graças ao lançamento da câmera de ação Hero9. A GoPro é um case e tanto. Uma marca que surgiu da inquietação do dono surfista em registrar seu ponto de vista e que depois se tornou sinônimo de câmera de ação. Perdeu a mão quando tentou fugir da essência e se tornar uma câmera de família. Mas voltou às origens e agora colhe frutos dessa decisão. A empresa acaba de anunciar crescimento de 230% nas vendas em comparação com o mesmo período do ano passado. Um dos motivos desse resultado foi o lançamento da Hero 9

Black que influenciou diretamente no crescimento do serviço de assinatura da marca. São 500 mil assinantes que têm acesso a um serviço de armazenamento ilimitado para um usuário. Como a Hero 9 ajudou? Ao comprar a câmera o consumidor recebe 100 U$ de incentivo para virar assinante. Detalhe: a assinatura custa 49 dólares.

A venda aconteceu com força na internet. E quando compraram a câmera, os clientes aproveitaram o incentivo financeiro da GoPro e assinaram o serviço que prevê espaço para armazenamento ilimitado na nuvem para fotos e vídeos. E mais: substituição automática caso a câmera tenha algum problema e desconto de 50% para acessórios da marca. Além disso, o assinante também possui acesso a serviços de transmissão ao vivo e aos mimos como bolsas, roupas e outros itens exclusivos da GoPro.

Graças ao lançamento global da Hero 9 Black, nossa contagem de assinantes GoPro está à frente de onde esperávamos estar neste momento e é um bom sinal para ultrapassar nossa meta anteriormente declarada de 600.000 a 700.000 assinantes pagos até o final do ano."

– Nicholas Woodman, fundador e CEO da GoPro.

A GoPro Hero 9 Black foi lançada em setembro passado. Trazendo uma série de funções especiais como vídeo em 5K, fotos com sensor de 20MP, bateria maior e um display frontal colorido. Outro destaque da nova câmera fica por conta da segunda tela voltada para a frente. Perfeita para influenciadores, YouTubers e afins.

O PODER DAS HISTÓRIAS NO MARKETING DA FOTOGRAFIA

O apelo do "contador de histórias" já faz parte da rotina dos negócios de foto. Então por que ainda é tão difícil fazer divulgação para fotógrafos e outros empreendedores deste mercado?

Quero vender e vou divulgar mostrando o serviço e fazendo propaganda. O roteiro é um clássico: faço minha oferta e divulgo nas redes sociais, site e e-mail. Preparo um disparo no WhatsApp e espero os contatos. A forma e ações podem até mudar um pouco de um caso para outro, mas quase sempre seguem essas práticas. Trata-se de um estilo de marketing 1.0 (vender um produto) e é assustador notar que boa parte das empresas ainda seguem nessa linha. Mais estranho ainda é ver que na fotografia essa prática é recorrente. E não dá para julgar essa tática. O motivo é simples: todos precisamos vender. O problema dessa ação é que ela é tática mesmo. Ou seja, não envolve nenhuma estratégia um pouco mais pensada. E aí começam promoções frequentes até chegar ao ponto de publicar com preço baixo como último recurso possível. Faz sentido fazer isso na fotografia?

A história da fotografia mostra que o sucesso de marcas do ramo e dos artistas e empresas de foto sempre envolve "*contação* de histórias". Na prática isso representa usar a matéria prima que é tão valiosa no ramo, o poder da imagem. Aqui podemos estender o assunto para fotos e vídeos. A combinação dos dois torna a história mais poderosa.

Os pontos importantes para contar uma boa história:

- você não é o herói da história. Se o produto virar colaboração não dá para ignorar o que as pessoas querem. Isso quer dizer criar experiências. Quer dizer ouvir. Na parte da divulgação os fotógrafos e negócios de fotografia que mais se destacam colocam o cliente como herói nos conteúdos de divulgação. E contam histórias mostrando essa jornada.
- Seu cliente é o grande herói e você tem que ser o guia. O que quer dizer mostrar que o seu negócio vai indicar o caminho. Aquela sessão fotográfica divertida com a cara das famílias. De criar pensando naquilo que essa pessoa acredita e

gostaria de ver. Logo no marketing de conteúdo você tem que mostrar como é seu papel de mentor nessa história. Qual a solução que você vai me dar?

- o guia tem um plano. Qual é esse caminho que vai fazer a pessoa que te contratar ter uma vivência especial? Você vai resolver a questão com memórias impressas marcantes? com um álbum diferenciado? Qual é seu plano para essa pessoa?
- você conduz a experiência. O guia não é o herói, mas conduz pela trilha. Mostra quais etapas e que caminhos as pessoas vão passar ao te contratarem. Não dá para ser guia e protagonista ao mesmo tempo. O problema é que normalmente negócios de foto e fotógrafos querem ter o papel de protagonismo na história. E não dá...

- o cliente tem o problema resolvido e fica feliz ou infeliz. É simples assim, todo serviço fotográfico tem experiência envolvida. Boa ou ruim. Qual será a percepção das pessoas frente ao seu trabalho tem a ver com toda essa história e inclusive na entrega do serviço. Algo que envolve posicionamento de marca e que pode fazer a diferença na indicação de novos trabalhos e o retorno desses clientes satisfeitos.

A boa história pode e deve ser os próprios trabalhos que forem acontecendo. Sobretudo se você entregou um bom trabalho e mostrou isso colocando as pessoas que atende como os grandes destaques do seu serviço. No fim, a fotografia trabalha sempre com emoção. Da foto impressa da família, da cobertura de um aniversário, festa de formatura, ensaio de família ou de bebê. Tudo está relacionado com memórias e emoções. Tentar vender de outra forma que não seja assim é um desperdício e tanto.

A força da matéria prima é justamente do poder da imagem. Veja pontos marcantes para quem vive da fotografia que devem ser usados para realçar a história:

- Você usa imagens o tempo todo? Use em favor dessa contação de histórias. Combinando fotos, vídeos, slideshows e recursos multimídia. O impacto disso é muito maior seja no seu site, redes sociais e no poder de viralizar entre os clientes atendidos.
- Você reforça a emoção, mas com características pessoais? As histórias só terão apelo colocando em destaque as pessoas retratadas. Com toques

da história dessas famílias. Para fazer isso aparecer você precisa ouvir e criar essas memórias levando em consideração a histórias das pessoas.

- Você leva sua personalidade para a história? Como guia você pode e deve dar seu tempero nessa jornada. Aqui entra seu estilo, sua assinatura com o produto, serviço e em todos os aspectos do seu negócio de fotografia.
- Você cria conteúdo nativo?
- Você recomenda e é recomendado? O poder das histórias vale para mostrar as parcerias. Como seu negócio se relaciona com parceiros. Isso gera indicação e um efeito positivo que só se reforça no ambiente digital. São comuns fotógrafos que têm parceiros de vídeo e que trocam esse tipo de

parceria. Um cria para o outro em uma relação de parceria muito benéfica.

- Você mostra o produto e o serviço como parte da história? contar a história serve para mostrar os produtos, ou como é a experiência completa do seu negócio. Pode ser com um slideshow, um vídeo para Instagram ou YouTube. Pode ser uma sequência de fotos acompanhada de um texto em um blog. É mostrar que nessa narrativa seu produto ou serviço faz parte do processo.

Toda boa história tem um vilão. Qual é o problema que aflige seu cliente? Você, como guia, tem que resolver isso. Um vilão pode ser fotos perdidas na nuvem e memórias esquecidas nas redes sociais? Um vilão pode ser registros ruins que não representam os noivos (ou não ter foto nenhuma de um evento). Dá para ter mais de um vilão, mas cuidado para não ficar confuso. Toda boa história sempre tem um grande vilão. Só não esqueça que o cliente é que é o mocinho.

Esses pontos acima são fundamentais no desenvolvimento de um contexto completo e de usar esse poder das histórias para o marketing de conteúdo eficiente. Ajuda no produto, na forma de te mostrar e contar sobre o que você acredita para ter resultados reais com seu público. Aqui entram dois pontos críticos: você precisa definir seu marketing para criar a estratégia. De nada adianta atacar no marketing digital sem definir o que você representa e quem vai atrair. E o produto é também resultado disso.

Produto e a tendência do diferenciado sem ser caro

Foi-se o tempo em que só o que era caro poderia ser diferenciado na fotografia. Sobretudo quando o assunto é produto e estamos convivendo com uma crise sanitária e econômica. Como vimos em publicações anteriores, existem perfis diferentes de fotógrafos: aqueles que não tem nada impresso (sem produto), os que têm algo mas é mais do mesmo e os que oferecem um item especial. Por muito tempo a ideia que se tinha era de que só o álbum mais sofisticado ou impressões em formatos elaborados poderiam se encaixar na opção "diferenciado". Contudo, mesmo antes da pandemia, já vinha ocorrendo uma adaptação. Os produtos sofreram transformações e fica claro que essa não é mais a realidade do mercado. Veja como:

- o produto diminuiu de tamanho. Os consumidores procuram opções mais em conta ou medianas que estão entre o mais caro e o mais barato. Um álbum menor, mas não o menor. A foto na parede que não é tão grande. Ou uma troca por pequenas imagens combinadas em coleções.

- Os itens criativos inusitados. Como imãs, mini álbuns, chaveiros criativos, fotopresentes decorativos elaborados. O que ganhou valor não é da sofisticação pelo rebuscado apenas, mas também do apelo do produto único.

- A mistura da foto com algo a mais. Da garrafinha com a foto dentro ao jogo infantil com fotografia. A imagem sendo usada como componente para "ir bem" com algo a mais.

- o perfil colaborativo dos produtos. Do álbum de personalizar escrevendo ao álbum de figurinhas. As pessoas querem produtos participativos. A era da colaboração com fotos.

- A aplicação da foto com tecnologia. Caso dos novos porta-retratos com Spotify mostram que não é preciso de muito, mas que dá para personalizar com algo único e ao mesmo tempo acessível.
- O faça você mesmo. Nesse caso o cliente faz seus próprios produtos e o cliente cria montando em casa. O fotógrafo vende o conceito e a pessoa cria sozinha com os itens entregues. Aqui cabe até vender com um preço em que o valor está na montagem e que pode até ser cobrado separado.

A coleção, ou pacotes eram a regra de mercado na fotografia profissional. Especialmente na fotografia de família e social. Esse comportamento obviamente não sumiu, mas agora existe também uma necessidade de adequação aos novos tempos do consumo consciente. E se no momento da crise o cliente pergunta: posso comprar só um item? E se eu quiser menos do que você tem a oferecer? São questões relevantes nesse momento.

Aliás, aqui entra a questão do preço. Nada de errado em ajustar valores para baixo desde que você tenha em mente alguns aspectos:

- Você pode entregar menos para cobrar menos. Aqui entra o produto menor, não necessariamente mais simples.
- Você pode e deve dar mais condições de pagamento. O nome do jogo é parcelamento.
- Você está preparado para trabalhar mais e entender se a sua agenda permite esse ajuste. Nesse ponto entra outra dimensão do desafio (ou oportunidade). Pois nessa nova fase os fotógrafos estão também imprimindo fotos que são das

memórias dos clientes e esse cenário é oportuno. Logo criar um produto em conta, simples e ao mesmo tempo diferenciado, pensado para essas memórias dos clientes (fotos esquecidas nas redes sociais) é uma bela oportunidade de adaptação.

Seja como for a decisão dessa nova fase do produto simples, criativo e diferenciado. O importante é entender que uma forma de criar algo diferente vai depender de conversar e compreender o que os clientes querem. Pois para colaborar temos que ouvir.

Nunca tivemos tantas possibilidades de personalização mesmo nos itens mais simples e acessíveis. Tudo uma questão de vontade de criar para se diferenciar. Afinal, assim vendemos, encantamos e saímos da guerra de preços do mais do mesmo. A decisão é clara e das mais importantes. Pois dependendo do que você decidir pode ser a diferença entre continuar nesse mercado ou ser engolido pela concorrência.

Sobre tecnologia de impressão.

Esse conteúdo foi usado no nosso guia de impressão do Movimento Imprimir. Creio que é importante você saber disso para poder entender e ter esse papel de especialista em tudo relacionado a memórias impressas.

O consumidor pode até não perguntar e nem entender sobre os processos de impressão e materiais envolvidos. Mas, alguns anos depois, quando estiver folheando um álbum, poderá ser surpreendido com as fotos desbotando e perceber que a qualidade do álbum ou das fotos impressas é muito aquém do esperado. A qualidade e a tecnologia envolvidas no processo que gera as fotografias e o acabamento dos produtos são itens importantíssimos para a sobrevivência das memórias das famílias por gerações. A tecnologia de impressão evoluiu e os investimentos das marcas em todos os formatos e tecnologias acompanhou a transformação do mercado. Se bem cuidado, o álbum e as fotos irão durar para sempre. Desde que as fotos estejam protegidas contra calor, umidade, luz, poluição ou manuseio indevido. Todos esses fatores podem levar à degradação da qualidade e do tempo de vida das fotos impressas. A estabilidade da imagem é uma questão central das marcas e de todos os fornecedores envolvidos. Tudo para responder à grande questão: daqui a 100 anos, as memórias impressas estarão como? Antes, a tecnologia que prevalecia era do papel fotográfico e da revelação. Com as novas formas de imprimir, surgiram novas mídias, novas impressoras e tecnologias. Em qualquer escolha definida pelo profissional, as fotos podem perder qualidade logo depois de serem geradas. Prolongar a vida e a qualidade também é papel do fotógrafo. Entender os diferentes processos e o que cada um envolve pode ser um diferencial na entrega dos melhores produtos e de oferecer uma experiência com o produto que não perderá valor mesmo com o passar dos anos. O Imaging Permanence Institute, organização sem fins lucrativos que pratica testes e comprova a durabilidade e as diferenças entre os tipos de impressão disponíveis no mercado. Um tema complexo que envolve uma série de tecnologias e opções. É importante buscar e encontrar a melhor solução e entender todos os processos, mídias e alternativas conversando com seu fornecedor de impressão.

TECNOLOGIAS DE IMPRESSÃO EM CORES

Impressão fotográfica tradicional

Impressões fotográficas coloridas entraram em uso durante os

anos 1950. Até a década de 1990, quase todas as impressões coloridas foram feitas com essa tecnologia. São imagens compostas de corantes semelhantes aos usados para colorir alguns tecidos.

Ao longo dos anos, os fabricantes fotográficos modificaram estes corantes para que excelentes reproduções de cor pudessem ser obtidas. As impressões coloridas fotográficas são feitas primeiro criando uma imagem negativa usando uma câmera e negativo colorido filme. Os negativos são então usados para imprimir uma imagem em papel fotográfico.

Com a chegada do digital, a nova tecnologia fornece outra opção: as imagens podem ser capturadas com uma câmera digital e essas também podem ser impressas em papel fotográfico. Independentemente da câmera que registrou, a imagem é impressa usando a tecnologia fotográfica tradicional. Geralmente

mostra desbotamento perceptível ou descoloração após cerca de cinquenta a cem anos se for armazenada no escuro. As cores de um álbum, se estiver exposto à luz, serão deterioradas ainda mais rapidamente. A Permanência destes tipos de impressão não depende do método de gravação, mas sim das características

inerentes dos corantes e suportes materiais utilizados na sua produção.

O papel fotográfico é revestido com uma fórmula química sensível à luz, usada para fazer impressões fotográficas. Esses papéis são fabricados em vários tamanhos padrão, pesos e com diversos acabamentos de superfície. Uma gama de emulsões também está disponível, que diferem em sua sensibilidade à luz, resposta

de cor e o calor da imagem final. Papéis coloridos também estão disponíveis para fazer imagens coloridas.

Quando o papel fotográfico é exposto à luz, ele captura uma imagem latente que é então revelada para formar uma imagem visível; com a maioria dos trabalhos, a densidade da imagem resultante da exposição pode ser suficiente para não exigir mais desenvolvimento, além da fixação e limpeza, embora a exposição

latente também esteja presente. A camada sensível à luz do papel é chamada de emulsão.

A química mais comum foi baseada em haleto de prata, mas existem alternativas que também foram usadas. O papel fotográfico ainda representa muito no consumo mundial do mercado fotográfico. Sobretudo nos principais laboratórios de fotografia do mundo. Em especial para trabalho de fotógrafos de casamentos, família e newborn.

Impressão Inkjet

O rápido crescimento dos computadores durante a última década introduziu novas formas de produzir impressões em cores. As imagens podem agora ser convertidas em arquivos digitais - digitalizando imagens fotográficas tradicionais ou só deixando na câmera digital. Esses arquivos podem ser enviados para uma impressora doméstica para produzir impressões coloridas aceitáveis.

A maioria das impressoras de qualidade fotográfica usa a tecnologia jato de tinta, na qual gotas muito pequenas de tinta são depositadas no papel. As impressões a jato variam muito, não apenas na composição dos corantes e papel, mas também na estabilidade.

As imagens do jato de tinta podem ser compostas de corantes similares aos usados em impressões fotográficas tradicionais ou de pigmentos, que são os corantes usados em tintas. Em geral, os pigmentos tendem a ser mais estáveis do que corantes.

As impressões a jato também podem ser feitas em papel não revestido ou revestido, mas apenas o papel revestido fornecerá impressões de qualidade fotográfica. O papel não revestido tende a absorver a tinta, resultando em imagem fosca e perda de intensidade de cor.

Em papel de alta qualidade, um revestimento impede a tinta de sangrar no papel; isto resulta em cores mais brilhantes e saturadas e maior detalhe da imagem. Revestidos, os papéis podem se assemelhar aos suportes de impressão coloridos tradicionais. Dois tipos principais estão disponíveis: swellable e poroso. Em geral,

recomenda-se a utilização de bases de papel sem ácido, preparados para armazenamento a longo prazo.

Impressões eletrofotográficas

O mesmo processo usado para produzir fotocópias de escritório é

usado para fazer essas impressões. Nesse processo, o toner é transferido para a base de papel e depois fundido na impressão. O papel geralmente não é revestido, e as imagens são razoavelmente estáveis, porque são compostas de partículas de pigmento que são fundidas ao papel com um aglutinante de polímero durável. Esta tecnologia é menos usada do que jato de tinta para impressão com qualidade fotográfica. A HP Indigo, por exemplo, usa a tecnologia de eletrofotografia líquida (LEP).

As tintas líquidas, eletricamente carregadas, são secas e aplicadas ao substrato por meio de uma manta térmica usando apenas um único mecanismo de impressão. Esta combinação única permite a criação de impressões diferenciadas. A impressão digital é o processo de equipamentos da Konica Minolta, case do bizHub C71hc, que trabalha com dry-toner com a tecnologia de eletrofotografia. Outra marca que atua com esse processo é a Xerox.

A verdade é que existem muitas opções de mídia no mercado. Aqui, vamos falar de dois tipos que são reconhecidos e usados no processo da fotografia analógica: papéis fotográficos com característica brilhante, lustro, perolado, cetim e metálico. E papéis foscos como algodão, alfa-celulose e canvas que utilizam tinta preta fosca.

Existe uma série de fatores para avaliar um papel e sua qualidade. Desde o peso, a espessura, brilho, permanência. É muito importante escolher o papel certo para o seu trabalho. Embora as opções sejam muitas, somente o profissional pode determinar quais os diferenciais querem oferecer e qual impacto quer gerar no cliente final. Lembre-se, as texturas de papel podem complementar ou atrapalhar sua imagem.

Papel Poroso

A superfície do papel poroso é revestida com partículas muito pequenas e inertes, que criam numerosas cavidades minúsculas onde a tinta é depositada. Essas partículas impedem que a

tinta se espalhe. O papel poroso tem uma maior resistência à umidade. Este procedimento requer um mínimo de tempo de secagem, para que a impressão possa ser tratada imediatamente sem risco de borrar. Este tipo de impressão não tem camada protetora de polímero, portanto, os corantes são suscetíveis

ao ar e poluentes como o ozônio e os óxidos de enxofre e nitrogênio, que podem estar presentes na atmosfera em concentrações razoavelmente altas. O papel poroso é preferido quando são usadas tintas pigmentadas.

PAPEL TÉRMICO - IMPRESSÕES DE TRANSFERÊNCIA TÉRMICA POR DIFUSÃO DE CORANTE.

Neste processo, que também é conhecido como sublimação de tinta, o calor transfere o corante de uma fita para a impressão final. Impressoras de transferência térmica por difusão de corantes usam uma camada protetora para a impressão durante o processo de transferência. Isso para evitar que a imagem fique manchada quando esfregada. Este processo é frequentemente usado para impressoras fotográficas de tamanho instantâneo ou em quiosques de fotos, onde os clientes podem imprimir imagens em alguns minutos. A permanência dessas imagens não tem sido amplamente estudada, e há muita pouca informação acessível. É mais usada para consumidores finais, mas também é oferecida em fotocabines, lojas de foto e impressão para eventos.

Hoje existe uma nova categoria que combina elementos. São os papéis fotográficos de barita à base de fibra. Devido às diferenças na rapidez com que a tinta é absorvida e espalhada nesses papéis, bem como os revestimentos específicos usados e as texturas da superfície, é essencial escolher a tinta preta principal correta para cada tipo de papel.

Papéis Fotográficos RC

O papel mais comum no mercado, o RC neste nome de papel, significa revestido de resina. Os papéis RC são mais à prova de água e resistentes a arranhões e riscos do que suas contrapartes de papel fosco, mas são muito mais finos. Superfícies de papel RC variam de brilhante a semi-brilhante, brilho e muito mais. De longe, esses são os papéis para jato de tinta mais baratos e mais usados pela maioria dos consumidores. Eles fornecem pretos profundos e brancos, grande contraste e nitidez, e são certamente apropriados para uma variedade de assuntos. Os papéis RC são geralmente os papéis para

fotógrafos de retratos e casamentos.

Papéis Metálicos

Um dos mais novos e mais modernos papéis para jato de tinta da atualidade, os papéis metálicos são moldados a partir do extremamente popular papel Kodak Endura Premier Metallic, um

Papel negativo colorido profissional projetado para processamento químico úmido. Recentemente, a

Hahnemühle lançou o Photo Rag® Metallic, que apresenta um acabamento especial de superfície prateada e cintilante. Os papéis de jato de tinta metálicos exibem pretos ricos e densos, uma gama de cores e contraste soberba e dão uma aparência quase 3D à imagem. Esta é uma ótima opção de papel para uma ampla gama de assuntos, especialmente imagens com metal, como máquinas, carros, caminhões, trens, aviões etc.

Hot and Cold Press

As prensas a quente ou prensas a frio são, na verdade, sub categorias de papéis de fibra de algodão ou alfa-celulose e distinguem-se pelas suas características de superfície. Um papel de prensa quente tem uma superfície aveludada e macia, enquanto um papel de prensa a frio tem uma superfície com mais texturas. Os papéis para impressão a frio têm muito mais textura do que um papel para impressão a quente, variando de leve a altamente texturizado. As escolhas de superfície variam muito.

Papéis de lona

São geralmente uma combinação de poliéster e algodão. Desde os tempos antigos, o canvas está mais associado à arte. Devido ao fato de que este substrato artístico durável pode ser envernizado

exibido sem vidro ou molduras, é uma escolha muito popular, especialmente para os artistas tradicionais que têm as chamadas reproduções giclée feitas de seus originais. Uma ótima opção para imagens mais abstratas e sutis com uma sensação pictórica ou reproduções artísticas.

Fibra de Algodão

mais caros, mas de maior qualidade, esse papel fine art é considerado o mais premium de todos.

Papéis de alfa-celulose

Os papéis de alfa-celulose são menos caros que os papéis de algodão 100% e têm uma sensação menos robusta. Observe que o termo alfa-celulose é usado para distinguir esses papéis dos papéis de fibra de algodão puro, que também contêm celulose.

Baryta Papers Baseados em Fibra

O termo barita vem do composto químico barite - sulfato de bário

- que é um mineral natural semelhante à argila adicionado à base de papel de fibra. No passado, era usada para branquear papéis, fornece refletividade e servir como base para a emulsão sensível à luz. Os papéis para jato de tinta baryta de hoje têm uma base de fibra (algodão ou alfa-celulose); a barita fornece um revestimento

refletivo suave. Esses papéis espessos têm um odor químico distinto (mas não desagradável). Nos primórdios da impressão a jato de tinta, devido às limitações tecnológicas da tinta, se você quisesse imprimir em papel grosso com um toque de arte, esse papel oferecia ampla gama de cores, grande contraste e nitidez, além de transições tonais suaves. Esses papéis são perfeitos para impressões em preto e branco. Vibrance Baryta, da Breathing Colour, se enquadra nesta categoria. Outros papéis baryta no

mercado incluem o Canson Infinity Baryta Photographique, o Hahnemühle Fine Art Baryta, o Ilford

Galerie Gold Fiber Silk, o Museo Silver Rag, o Red River San Gabriel e o SemiGloss Fiber, entre muitos outros.

O marketing mais humano se confirmou em 2020 e vem com ainda mais força nos próximos anos

No meu livro "Marketing Básico para Fotógrafos" abordei em um capítulo sobre a importância do lado humano. Da sensibilidade para fazer marketing nesses tempos. Terminei o meu primeiro livro quando a pandemia já estava com força no Brasil. Está muito claro para mim que a forma de atrair e manter clientes vai envolver esse lado humano. Isso quer dizer na prática uma preocupação genuína em atender as pessoas com humanidade. De trabalhar caso a caso. O humano para humano mesmo. Para fazer isso de forma efetiva temos que escutar, mostrar interesse por cada pessoa. E a fotografia é um negócio emocional feito de memórias ou vaidade.

Personalização, experiência e presença. A nova cara do marketing do próximo nível. Meu próximo livro vai abordar o nível intermediário do marketing. O que não quer dizer que vou chamar o livro de Marketing intermediário para Fotógrafos. Na verdade, nem escolhi o nome ainda, sei que não será com essa chamada tão direta. Isso porque vou tratar de algo que os fotógrafos e negócios de fotografia que estão no nível acima com relação a arte de atrair e manter clientes entendem muito bem. Que é sobre experiência, relacionamento, posicionamento, personalização e conteúdo. O foco dessa futura publicação a ser lançada em 2021 vai olhar para esse ano que passou e abordar os desafios desse momento. Se o marketing ficou mais humano é por conta da evolução do relacionamento. Para criar experiências é necessário colaborar sem esquecer do produto. Para se relacionar é necessário ouvir e se interessar para gerar um produto marcante e único. Para personalizar é da mesma forma. Para criar conteúdo (o único marketing que nos resta) temos que olhar para nós mesmos usando as ferramentas disponíveis. 2021 e os próximos anos vão pedir um olhar distinto sobre quantidade x qualidade. Os fotógrafos e negócios de fotografia terão que fazer escolhas. Mesmo que você escolha trabalhar muito e cobrar menos terá que se preocupar com os itens acima dessa nova fase com olhar para personalizar, se relacionar e afins. O fato é que você termina um conteúdo vasto sobre produto na fotografia. A foto no papel nas suas mais incríveis possibilidades. Mas tenha em mente que o produto sozinho não vai salvar seu negócio. E é aí que entram os outros P's do marketing. Com promoção (conversa), preço (recorrência), ponto (marketplace). todos esses elementos conversam e são interligados. O produto reflete no preço que reflete no posicionamento e no composto do marketing (básico). Se você quiser mergulhar nesse tema sugiro ler meu livro Marketing Básico para Fotógrafos que está na Amazon. Se quiser desenvolver seu produto na fotografia com minha ajuda então recomendo meu curso Foto+Produto ao vivo ou gravado. Seja como for lembre-se: faça, treine e ajuste para fazer de novo. Não adianta ter ideias e não fazer. Tem que colocar em prática e sentir para adaptar. Sucesso, boa sorte e conte comigo no que for preciso.

Leo Saldanha

Enfbyleosaldanha.com

ENF by Leo Saldanha

Instagram/@leops

fhox.com.br

meu WhatsApp – 11-99123-4351

www.ingramcontent.com/pod-product-compliance
Lightning Source LLC
Chambersburg PA
CBHW072026230526
45466CB00020B/941